樋口裕一

東洋経済新報社

はじめに――経済学部・経営学部・商学部を志望する学生に、最初に読んでほしい1冊

経済・経営系の学部は、多くの受験生が志望する人気の学部です。

その中には、総合型選抜や推薦型選抜、あるいは一般入試で小論文を課す大学もたくさんあります。

ところが、文学部などを志望している受験生と比べると、これらの学部を志望する学生の中には、文章を書くのを苦手にしている人が多いようです。

高校では、経済や経営などについて、きちんと学ぶ機会がないので、

「経済・経営系の学部の小論文試験のために、どんな勉強をすればいいのか」

「経済学部、経営学部、商学部などは、いったい何を勉強する学部なのか」

といったことについて、そもそもよく理解できていない受験生も決して少なくないのではないかと思います。

本書は、そのような受験生のために、小論文の基本的な書き方から、経済・経営系の学部のそれぞれの特徴とそれらの学部に向く人のタイプ、そして、それらの学部入試に合格できる小論文を書くために必要な超基礎の知識まで、すべてをひととおり解説した参考書

です。

できるだけやさしい言葉で、基本中の基本を説明しています。

本書を読むことによって、これらの学部の小論文試験を受けようとしている人は、最初の知識を得ることができるでしょう。

難関校以外を志望している場合は、この1冊で十分、合格レベルの小論文を書く力を身につけられるはずです。

本書の中に、合格のために必要な小論文の書き方や、経済・経営系の学部の小論文試験で求められる基本的な知識は、すべて書かれています。ぜひ繰り返し読んで、力をつけてください。

難関校を志望している場合には、本書を手始めにして、その後、『小論文これだけ!』シリーズにある『法・政治・経済編』『書き方 経済・経営編』『経済深掘り編』『模範解答 経済・経営編』などを活用することによって、よりいっそう知識を深めていってくれることを望みます。

本書を用いることで、ひとりでも多くの受験生が、経済学部・経営学部・商学部の合格を勝ち取ることを願っています。

目次

第2部 経済・経営系の学部を志望する人が考えておくこと

第3部 経済・経営系の学部の小論文に必要な基礎知識を身につけよう

日本の企業の抱えている問題

これからの日本企業

環境問題

情報化

第1部

小論文の書き方

作文と小論文とは何が違う？

ケイくん　僕は子どものころから、文章を書くのが苦手なんです。志望校の入試科目に「小論文」があると聞いたので、別の大学に志望を変えようかと思って、相談に来たんですけど……。

先生　そんなに小論文を恐れる必要はないよ。小論文が入試科目にあるのだったら、小論文を勉強すればいいじゃないか。

ケイくん　でも、自信ないなあ……。小学生のころなんて、作文がいちばん嫌いだったんです。

先生　「作文」と「小論文」はまったく別ものだから、作文が苦手だったとしても小論文は書けるようになるよ。

書き方を学んで、あとは知識を増やせば、わりと簡単に書けるようになるものなんだよ。

ケイくん 本当ですか！ どうすればいいのでしょうか？

先生 まず「小論文」とは何かを知ることが大切だね。

小論文は、作文と違って、「型」と一定のルールさえ理解すれば、誰でも書けるようになるんだよ。

●作文と小論文との違いとは？

一般に、小論文は社会の事象について客観的に論じる文章、作文は体験や感想を主観的に書く文章といわれています。

しかし、もっとわかりやすい違いがあります。

それは、**小論文は基本的に、イエスかノーかをはっきりさせる文章、作文はそうではない文章**ということです。

あとで説明するとおり、イエス・ノーで答えにくい問題もあります。そのときには少し工夫が必要です。

しかし、そもそも論じるというのは、イエスかノーかをはっきりさせることです。**小論文の基本がイエス・ノーだということ**を頭に入れておいてください。

ただし、イエスかノーかを答えただけでは1行で終わってしまいます。その理由をはっきりと示す必要があります。

たとえば、「移民の受け入れ」というテーマを与えられて小論文を書く場合、その言葉の意味を説明しても、小論文にはなりません。街で見かけた外国人の印象について書いても、作文にしかなりません。

小論文を書くなら、「移民の受け入れ」というテーマに対して、

「移民を受け入れるべきか」

「移民を受け入れることによって、日本経済は発展するか」

「移民を受け入れることによって、日本社会は豊かになるか」

というような問題を考える必要があります。

そして、その問題に対して、イエスかノーかを判断して、その理由をきちんと説明すれば、それが小論文になります。

つまり、**イエス・ノーを判断して、その理由を示すのが小論文**なのです。

まとめ

小論文ってなに？

★あるテーマについてイエスかノーかを判断して、その理由を示すのが小論文

★文章のセンスがなくても、書き方さえマスターすれば、誰でも書けるようになる

どうすれば小論文になる？（テーマ「移民の受け入れ」の場合）

①自分の体験（働いている外国人を見かけた）や感じたことを書くだけでは、小論文にはならない

②イエスかノーかで答えられる問題にする（「移民を受け入れるべきか」）

③それに対して、イエス・ノーのどちらで答えるかをはっきり決めたうえで、その理由を詳しく説明する

こうすることで、小論文になる

2 小論文の「型」ってなに？

ケイくん　小論文が作文とは違うというのはよくわかりました。
でも、具体的に、どうやって書けばいいんでしょうか？
イエス・ノーを判断するといっても、何から書きはじめていいのか、よくわかりません……。

先生　そんなときのために、「型」があるんだ。
小論文の「型」を身につければ、自然に論理的な文章が書けるようになるんだよ。
それをこれから説明していこう。

「型」というのは、論理的に考えるための手順のことです。

実際の小論文試験は、時間内に書き上げなければなりません。

そんなとき、「今度はどんな構成で書こうか」と考えている余裕はありません。

「型」どおりに書く練習をしておいて、本番でもその「型」を使って書けば、いつでも論理的な文章を書くことができるのです。

次の**「3つの型」を身につけておけば、少し応用するだけで、ほとんどの場合に使える**はずです。

小論文を書くときに使う「型」

① A型

200字や300字で書く場合に多く用いますが、経済・経営系の学部では、600字程度であっても、この型を用いると書きやすいことがしばしばあります。

これらの学部の場合、「問題点を整理して、対策を示しなさい」といった設問がある場合があります。

直接的にそのように問われなくても、そのようにして書くと書きやすいこともあります。そのような場合にも、この「A型」を使います。

●A型の構成

第一部……自分の主張や現代社会の状況などを大まかにズバリと書く
第二部……第一部の示した意見の根拠や具体的内容、対策などを詳しく説明する

例「移民受け入れについて」（250字以内）

例1

現在、日本は移民の受け入れに慎重だが、私は積極的に受け入れるべきだと考える。

日本では急激に人口減少が進み、労働者不足が深刻になっている。このまま人口が減少すると消費者も減ることになり、国力が加速度的に落ちていく可能性もある。それを防ぐには、日本に多くの外国人労働者が来て労働を支えてもらう以外にない。そして、労働者の家族にも来てもらって、日本の消費を支え、日本という国を維持してもらうべきだ。そうすることで、日本は多民族の共生する社会になり、国際的な国家として活力をもつことになるのである。

例2

私は移民の受け入れには慎重であるべきだと考える。移民を受け入れると、これまでとは異なった文化が入り込むので、もとから住んでいる住民は価値観の違いを感じるだろう。また、もとから住んでいる人たちは、それまでの自分の仕事を奪われたと感じる恐れがある。そうしたことが原因で、もとから住んでいる人と移民との間に、激しい対立や差別が起こる可能性がある。また、そればかりか、移民の出身国の違いや宗教の違いによる対立が起こる可能性も大きい。移民によって、そのような大きな対立が起こる可能性が高いのである。

②B型

これも、200字や300字の短い文章の場合に使いますが、それ以上の字数でも使うことがあります。

「A型」をひっくり返した型と考えればいいでしょう。

問題によっては、「A型」を用いて最初にズバリ答えを書くとそのあとが続きにくいことがあります。

そんなときに、この「B型」を使います。

●B型の構成

第一部……具体的内容や意見の根拠について詳しく説明する
第二部……結論として、問題への答えを示す

例「移民受け入れについて」(250字以内)

例1

日本では急激に人口減少が進み、労働者不足が深刻になっている。また、このまま人口が減少すると消費者も減ることになり、日本の国力は加速度的に落ちていく可能性がある。それを防ぐには、日本に多くの外国人労働者が来て、労働を支えてもらう以外にない。そして、労働者の家族にも来てもらって、日本の消費を支え、日本という国を維持してもらうべきである。そうすることで、日本は多民族の共生する社会になり、国際的な国家として活力をもつことになる。

したがって、日本は移民の受け入れに慎重だが、私は積極的に受け入れるべきだと考える。

例2

移民を受け入れると、これまでとは異なった文化が入り込むので、もとから住んでいる住民は価値観の違いを感じるだろう。また、もとから住んでいる人たちは、それまでの自分の仕事を奪われたと感じる恐れがある。そうしたことが原因で、もとから住んでいる人と移民との間に、激しい対立や差別が起こる可能性がある。また、そればかりか、移民の出身国の違いや宗教の違いによる対立が起こる可能性も大きい。移民によって、そのような大きな対立が起こる可能性が高いのである。

したがって、私は移民の受け入れには慎重であるべきだと考える。

③C型

400字を超す場合には、次のような四部構成を使うことができます。

ほとんどの小論文に、この「C型」が有効です。

1000字くらいまでの小論文なら、それぞれの部分をひとつの段落で書いて、全部を4段落にするといいでしょう。

合計1000字を超すときには、第二部と第三部をそれぞれ2つの段落に分けてもかまいません。

具体的には、次のような四段落構成です。

第一部「問題提起」

与えられたテーマをイエス・ノーの問題にして、論点を明確にする部分です。「移民の受け入れ」というテーマの場合、ここで「移民を受け入れるべきか」などのイエス・ノーの問題にします。

設問が「移民を受け入れるべきか」などというように最初からイエス・ノーの問いかけになっている場合は、それをそのまま問題提起にすればいいでしょう。

課題文があって、それについて論じる小論文問題のときには、ここで課題文の主張をまとめます。

また、対策や今後の課題などが問われている場合は、イエス・ノーの問いかけの代わりに、「私はこういう対策をすべきだと考える」などのように、自分の考えをズバリ示して、それが正しいかどうかについて問題提起します。

分量としては、全体の10～20パーセントが適当です。

第二部「意見提示」

この部分で、問題提起に対してイエス・ノーのどちらの立場で書くかをはっきりさせます。

ここは、「確かに……。しかし……」という構文を使うと、書きやすいでしょう。「確かに……」で予想される反対意見を説明したうえで、「しかし……」で自分の意見を言います。そうすることで、「きちんと反対意見を考えたうえで判断していますよ」とアピールできます。字数稼ぎにもなります。

全体の30～40パーセントほど書くといいでしょう。

第三部「展開」

ここで、イエス・ノーの根拠をしっかりと説明します。

小論文でいちばん大事なのは、この部分です。

イエス・ノーの根拠が、読んでいる人に納得がいくように説明できているかどうかで、その小論文の価値が決まります。

根拠を示したあと、どうすればよくできるかの対策を書くこともできます。

全体の40～50パーセントを占めます。

第四部「結論」

問題提起に対するイエス・ノーをもう一度まとめて、改めて自分の立場を明確にする部分です。

作文のように、努力目標を付け加えたり、余韻をもたせたりする必要はありません。

全体の10パーセント以下で十分です。

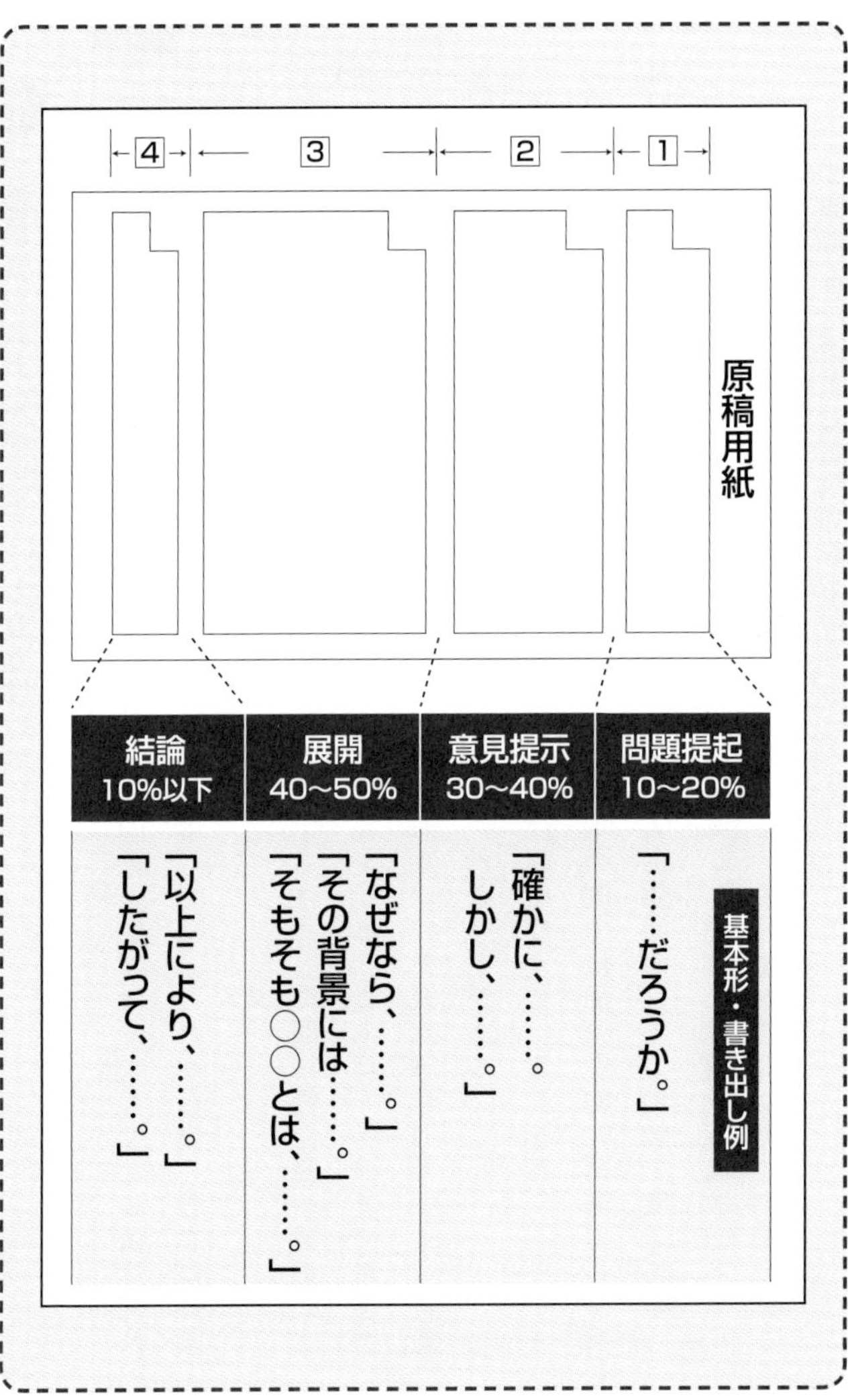
原稿用紙
1
2
3
4
問題提起 10~20%
意見提示 30~40%
展開 40~50%
結論 10%以下
基本形・書き出し例
「……だろうか。」
「確かに、……。
しかし、……。」
「なぜなら、……。」
「その背景には……。」
「そもそも○○とは、……。」
「以上により、……。」
「したがって、……。」

例 「移民受け入れについて」(600字以内)

例1

現在、日本は移民の受け入れに慎重であり、外国人労働者は管理しながら受け入れるが、移民は受け入れないという立場をとっている。では、これから先、日本は外国人移民を積極的に受け入れるべきだろうか。

確かに、移民を受け入れると、もとから住んでいる住民との間に価値観の違いによる対立が起こるかもしれない。また、もとから住んでいる人たちは、それまでの自分の仕事を奪われたと感じて、対立が起こるかもしれない。それが激化しないように気を配る必要がある。だが、これからは移民を受け入れる必要がある。

日本では急激に人口減少が進み、労働者不足が深刻になっている。また、このまま人口が減少すると、消費者も減ることになり、日本の国力は加速度的に落ちていく可能性がある。それを防ぐには、日本に多くの外国人労働者が来て、労働を支えてもらう以外にない。そして、労働者の家族にも来てもらい、日本の消費を支え、日本という国を維持してもらうべきである。そうすることで、日本は多民族の共生する社会になり、国際的な国家として活力をもつことになる。

以上述べたとおり、私は外国人移民を積極的に受け入れるべきだと考える。

例2

現在、日本は移民の受け入れに慎重である。外国人労働者はしっかりした管理のもとに制限して受け入れ、移民は認めないという立場をとっている。では、これから先、日本は外国人移民を受け入れるべきだろうか。

確かに、外国人労働者の手を借りることは必要である。日本では急激に人口減少が進み、労働者不足が深刻になっている。また、このままでは日本の産業が停滞する恐れがある。外国人労働者によって産業を手伝ってもらう必要がある。しかし、その人たちが家族を呼び寄せ、移民として大勢が日本に住み着くようにならないように気をつけるべきである。

移民を受け入れると、これまでとは異なった文化が入り込むので、もとから住んでいる住民との間に価値観の違いを感じるだろう。また、もとから住んでいる人たちは、それまでの自分の仕事を奪われたと感じる恐れがある。そうしたことが原因で、もとから住んでいる人と移民との間に、激しい対立や差別が起こる可能性がある。また、そればかりか、移民の出身国の違いや宗教の違いによる対立が起こることも考えられる。移民によって、それらの大きな対立が起こる可能性も高いのである。

以上述べたとおり、私は移民の受け入れに慎重であるべきだと考える。


小論文を書くためには、ここに説明した**3つの「型」をしっかりと頭に入れてください。**

そして、**小論文問題を見たら、どの「型」を使うと書きやすいのかを考えてください。**

これらの「型」さえ頭に入れておけば、どんな問題に対しても、きちんとした小論文が書けるようになります。

まずは、これらの「型」をしっかりと練習することが大切です。

3 小論文を書くときの7つのポイント

先生　小論文をどう書けばいいかは、だいたいわかってもらえたかな。

ケイくん　はい。「型」については、だいたいわかりました。「A型」と「B型」は、言いたい内容について知識があったら、書けそうな気がします。でも、いちばん小論文試験に出るのは「C型」なんでしょう？　自信ないなあ……。

先生　そうだね。「C型」は長い文章だから、少し練習が必要だね。小論文を書くときに注意してほしいことがいくつかあるので、それを説明しよう。

実際に「型」を使って書くときには、次の7つのポイントに注意するのがコツです。

この7つのポイントをしっかり守って書けば、小論文にふさわしい論理的な文章になります。

小論文を書くときのポイント

①問題提起は、賛否両論のあるものにする

「外国人労働者が日本で働いているか」「移民受け入れが問題になっているか」などのように、**イエス（またはノー）に決まっている問題提起にしても、論は深まりません。**

「移民を受け入れるべきか」というテーマの場合、イエス・ノーの両方の意見がありますす。ですから、反対意見を考えながら、自分の意見を深めることができます。

なお、「どちらとも言えない」「中間がいい」「場合による」と答えたくなることがあるかもしれませんが、**小論文というのは、理念を答えるもの**です。

実際には中間を考えるしかないというような場合もあるのですが、理念としてどちらのほうがより好ましいかをきちんと断定して書いてこそ、論旨の明確な合格小論文になります。

また、どうしても賛否両論のある問題提起にできない場合は、イエス・ノーの問いの代わりに**「私は……と考える」のように、最初に自分の意見をズバリ示し、それが正しいか**

どうかを第二部以下で検証するようにしましょう。

小論文を書くときのポイント

②第二部の「確かに」のあとと「しかし」のあとを、きちんとかみ合わせる

「Aだろうか」という問題提起をしたら、

「確かに、Aの面もある。しかし、私は反Aと考える」

あるいは、

「確かに、反Aの面もある。しかし、私はAと考える」

というように書く必要があります。**途中で別のことを書き出したりしては、論がズレてしまいます。**

「移民を受け入れるべきか」と問題提起しながら、「確かに、移民を受け入れるとよくない面がある。しかし、移民を受け入れている国が多い」などと続けると、論がズレてしまいます。

「確かに、移民を受け入れるとよくない面がある。しかし、移民を受け入れるべきだ」としなくてはいけません。

小論文を書くときのポイント

③第二部の「確かに」のあとはきちんと説明する

「確かに」のあとに反対意見を書いても、そこが短すぎると、字数稼ぎができず、読んでいる人を説得することもできません。

「確かに、移民を受け入れるとよくないことがある。たとえば、このような場合だ」というように、**「確かに」のあとは、ある程度の字数を使って具体的な説明を加える**必要があります。

小論文を書くときのポイント

④第二部の「しかし」のあとは書きすぎない

「確かに……。しかし……」の「しかし」のあとに、つい、あれこれと書いてしまう人がいます。

しかし、それでは、次の第三部に書くことがなくなって、同じことの繰り返しになったり、論がズレてしまったりします。

「しかし」のあとは、問題提起に答えるだけにして、詳しい理由は、次の「展開」の部分に回してください。

小論文を書くときのポイント

⑤第三部では「社会にとってどうか」を考える

第三部には自分の意見の理由（根拠）を書きますが、「自分にとって楽しいかどうか、得かどうか」ではなく、**「社会にとってどうか」という視点で考える**必要があります。

「移民の受け入れ」がテーマであれば、それが「自分にとってどうか」ではなく、それが「これからの日本社会にとってよいことなのか」「日本の経済にとってよいことなのか」などを考えます。

また、志望学部の傾向に合わせて、ここで「これからの経済はどうあるべきか」「これからの労働はどうあるべきか」という問題と絡めると、いっそう説得力が増します。

経済系を志望している場合には、意識して社会におけるお金の動きを考えるようにしましょう。

小論文を書くときのポイント

⑥第三部では、意見の理由を1つか2つに絞って書く

自分の意見の理由を3つも4つも、時には5つも6つも並べる人がいますが、それでは優れた小論文にはなりません。

理由をたくさん書くよりも、1つか2つに絞って詳しく説明するほうが、説得力が増し

ます。

600字の小論文の場合には、せいぜい2つくらいに絞って説明するように心がけてください。

そして、**「第一に……。第二に……」というように整理して書くと、論理的になります。**

⑦第四部では、結論だけを書く

第四部で結論を書いたあと、つい、いろいろと付け加えてしまう人がいます。「したがって、移民を受け入れるべきではない。ただし、次のようにすれば、移民を受け入れてもよい」などのように、です。

しかし、それでは、結局、何が言いたいのかがぼやけてしまいます。

第四部では、結論だけをズバリと書いて、余計なことは付け加えないようにしましょう。

まとめ

「型」で書くときの7つのポイント

①問題提起は、賛否両論のあるものにする

②第二部の「確かに」のあとと「しかし」のあとを、きちんとかみ合わせる

③第二部の「確かに」のあとはきちんと説明する

④第二部の「しかし」のあとは書きすぎない

⑤第三部では「社会にとってどうか」を考える

⑥第三部では、意見の理由を1つか2つに絞って書く

⑦第四部では、結論だけを書く

小論文を書くときに守るべき8つの基本的なルール

ケイくん　小論文の書き方はよくわかりました。さっきの７つのポイントに注意して、四部構成を守って書けば、小論文になるわけですね。

先生　そうだね。ただ、きちんとした小論文にするためには、ぜひ守らなければならないルールがある。

とくに受験小論文の場合は、大学の先生に審査されるわけだから、きちんとルールにのっとって書かなくてはいけない。

これから、そのルールを説明していこう。

①小論文は「だ・である」調で書く

小学校の作文の場合、「です・ます」調（敬体）で書くのが一般的です。いまでも、その習慣が抜けない人が多いでしょう。

しかし、**小論文は、常体、つまり「だ・である」調で書くのが原則**です。「です・ます」を使うと、どうしても間延びした文体になってしまいますが、「だ・である」にすると引き締まった、小論文らしい文体になります。

「だ・である」で書いているのに、途中で「です・ます」が混じってしまう人もいますが、それは最も低い評価を受けます。

日本語の文章の書き方として、「だ・である」と「です・ます」を混ぜるのは、絶対にしてはいけないことです。その点は、とくに注意しましょう。

悪い例

移民の受け入れが問題になっています。はたして、移民を受け入れるべきだろうか。

正しい例
移民の受け入れが問題になっている。はたして、移民を受け入れるべきだろうか。

②一文を短くする

文章を書き慣れない人は、どうしても一文が長くなってしまいます。

一文が長くなると、読みにくいし、書いているほうも、途中で訳がわからなくなってしまいます。主語と述語がかみ合わなくなって、文法的におかしな文章になることも多くなります。

文を書く前に、頭の中で整理して、**一文はできれば60字以内に収める**ように心がけましょう。

そうすれば、自然にまとまりのある、整理された文章になります。

悪い例

確かに、移民を受け入れたら、もとから住んでいる人と移民との間で誤解が起こって対立したり、それが差別になっていがみ合いが起こるかもしれないし、なかには仕事の奪い合いになったりすることもあったりして、日本中で移民排斥や民族差別のような事件が起こるかもしれない。

正しい例

確かに、移民を受け入れたら、もとから住んでいる人と移民との間で誤解が起こって対立する可能性がある。また、それが差別になっていがみ合いが起こる恐れもある。なかには仕事の奪い合いになったりすることもあるかもしれない。日本中で移民排斥や民族差別のような事件が起こる可能性がある。

③「話し言葉」で書かない

文章を書くときは、ふだん友だちと話すときに使う言葉ではなく、**「書き言葉」を使って書くのが原則**です。とくに受験小論文は、大学の先生に読んでもらうための文章なので、流行語や略語、若者言葉などは使ってはいけません。

新聞は基本的に「書き言葉」で書かれているので、ふだんから新聞を読むことをすすめます。そして、**新聞で使われている文体を使う**ように心がけます。

いまの若者は、何が「話し言葉」で、何が「書き言葉」かがわかっていないことも多いので、次にいくつか例をあげておきましょう。

うっかり話し言葉が混ざらないように、気をつけてください。

うっかり使いがちな話し言葉の例

 **悪い例**		 **正しい例**
なので（接続詞として）		だから／したがって
でも、けど		しかし、だが
……だって		……も
なんか		など
じゃない		ではない
みたいな		のような
……してる		……している
……しないべき		……するべきではない
……と思う（「思う」はあまり使うべきではない）		……と考える

悪い例

外国人がいろんなところで働いているのとかを見るけど、日本ではこれまで、移民は認めないべきだという考えが強かった。

正しい例

外国人がいろいろな場所で働いているのを見るが、日本ではこれまで、移民は認めるべきでないという考えが強かった。

④自分のことは「私」と書く

自分のことは、**男女を問わず、「私」と書くのが原則**です。

「僕」「自分」「おれ」などを使ってはいけません。

悪い例

したがって、僕は移民を受け入れるべきだと考える。

正しい例

したがって、私は移民を受け入れるべきだと考える。

小論文を書くときの基本ルール

⑤弁解しない

テーマがよく知らないことだったり、自分の意見に自信がなかったりすると、

「私はこんなことをいままで考えたことはなかったが」

「私にはこんな難しいことはわからないが」

などと言い訳をつい書いてしまいたくなります。

しかし、これも絶対にしてはいけません。

言い訳つきの意見は説得力がありません。

たとえ自信がなくても、はっきりと自分の意見を言い切るようにしましょう。

悪い例

私はこれまで考えてきたことがないのでよくわからないが、私は移民を受け入れないほうがよいような気がする。

正しい例

私は、移民を受け入れるべきではないと考える。

⑥台詞を使わない

作文の場合は、台詞を使って生き生きと場面を描写するのがよいとされています。

しかし、**小論文では、たとえ自分の体験を書く場合でも、台詞を使わないのが原則**です。

誰かの言った言葉を引用しなければならない場合でも、改行する必要はありません。カギカッコをつけて、そのまま行を変えずに書くようにしましょう。

×

悪い例

コンビニに行くと外国人が対応してくれた。

「日本で働いている外国人は多いけれど、日本では移民は認められていないんだよ」

先生がそう話していたのを思い出した。

○

正しい例

コンビニに行くと、外国人が働いている姿が見られる。しかし、日本では移民は認められていない。

⑦原稿用紙の正しい使い方を守る

受験小論文は、試験のときに配られる解答用紙に書きますが、**学校で習った原稿用紙の書き方にのっとって書くのが原則**です。

もう覚えていなかったり、間違って覚えていたりするルールも多いと思うので、次にあげる主なルールをしっかりと頭に入れておいてください。

原稿用紙の書き方の主なルール

- 必ず楷書（学校で習った文字）で書く。くずし字や略字は使ってはいけない。
- 書き出しと段落のはじめは、必ず1マス空ける。
- 原則として、1マスに1字を埋める。句読点やカッコも1マス分をとる。
- 行の最初のマスには、句読点や閉じカッコを書かない。これらが行の最初に来るときには、前の行の最後のマス目の中か下に書く。
- ただし、拗音や促音（「知っている」の「っ」など）は、そのまま行の最初のマスに書いてかまわない。
- 数字は、原則として、縦書きの場合は漢数字（一、二、三……）、横書きの場合は算用数字（1、2、3……）を使う。
- 横書きの場合、数字やアルファベット（略語や英語表記など）は、1マスに2字ずつ入れるのが原則。

⑧制限字数を絶対に守る

受験小論文では、設問ごとに「○○字以内で書きなさい」「○○字程度で書きなさい」などと、制限字数が指定されています。

制限字数は絶対に守らなくてはいけません。「○○字以内」とあるのに、それを1字でもオーバーしてしまうと、不合格にされても文句は言えません。

制限字数の9割以上、つまり「800字以内」だと720字以上は書くのが理想ですが、少なくとも8割以上、つまり640字以上書けていれば許容範囲です。

「○○字程度」という場合、プラス・マイナス10パーセント、つまり800字のときには720字から880字が理想です。

これも、プラス・マイナス20パーセントまでは許されます。

「○○字以上●●字以内」という場合は、もちろん、その範囲に収まっていなければいけません。

まとめ

小論文を書くときの8つの基本ルール

①小論文は「だ・である」調で書く

②一文を短くする

③「話し言葉」で書かない

④自分のことは「私」と書く

⑤弁解しない

⑥台詞を使わない

⑦原稿用紙の正しい使い方を守る

⑧制限字数を絶対に守る

第2部

経済・経営系の学部を志望する人が考えておくこと

ケイくん　僕は経営学部を志望しているのですが、本当のことを言うと、経営学部が何を勉強するところか、よく知らないんです。
　経済学部とどう違うんですか？
先生　ほかに、商学部という名前の学部もあるよね。経営情報学部もある。受験生にはわかりにくいだろうね。
ケイくん　何が違うのか、自分は何を志望すればいいのか、自分がどの学部に向いているのかもよくわかりません。
先生　じゃあ、まず、そのあたりから説明しよう。
ケイくん　ぜひ、お願いします！

1 経済学部・経営学部・商学部・経営情報学部って何をするところ？

経済学部と経営学部、商学部、経営情報学部の違い

経済学部と経営学部、商学部、経営情報学部の違いがわからないという受験生が多いようです。

経済学部の中に、経済学科や経営学科がある大学もたくさんあります。「どこが違うのか」「どちらの学部を自分は受けるべきなのか」といったことで迷っている受験生も多いでしょう。

経済学部・経営学部・商学部・経営情報学部はすべて、**「人間にとって最も大事な世の中のお金の動きを学ぶところ」ということでは一致**しています。

しかし、少しずつ学ぶ内容が異なります。

まず、それぞれの学部の特徴から説明しましょう。

★経済学部

経済学というのは、社会の経済活動の仕組みを研究する学問です。**「社会をよくするにはどうするか」「国家を豊かにするにはどうするか」**という視点で学びます。具体的には、

「社会の中でお金はどのように動くのか」
「政府がどのような対策をとるとどう変化するか」
「産業構造の変化は経済にどのように変化をもたらすのか」
「個人の経済活動がどのように社会に波及するのか」

などを研究します。

経済学部の入試では数学が科目に含まれている大学があることからもわかるとおり、経済学では、数学的な方法を使って経済動向を計測したりします。

また、グラフや表などを多用して分析を進めます。

★経営学部

経営学というのは、「企業はどのように組織を経営するか」「どのようにものを売るのか」「どのような会計行為をする必要があるのか」を学ぶ学問です。

経済学部が「社会をどうするか」「国家をどうするか」という視点に立って経済動向を分析するのに対して、経営学は、実際に会社で活動する人の立場から、「どういう会社にしていくか」といったことを主として学びます。

卒業後、会社に入って仕事をしようとする人には実践的な内容です。

★商学部

商学部は「経営学部と基本的に同じ」と考えていいでしょう。

「企業の立場で、どのように活動をするか」を学びます。

実際の商取引の仕方を中心に学ぶことが多い点で、**経営学部よりももっと実践的**といえるでしょう。

★経営情報学部

「経営学部と基本的に同じことを学ぶ」と考えていいでしょう。

「情報」という名前がついているということは、経営を学ぶのにコンピュータなどの情報機器を重視していることを示しています。

情報学科などが設置されている場合も多いでしょう。

ＩＴ技術を高めて経営に将来携わりたいと考える人は、この学部が適しています。

以上述べたことを、ごく大まかにまとめると、

①政治家や銀行員、公務員などになって、社会や経済を左右するような仕事につきたい人↓経済学部
②ビジネスマンとしての実務を学びたい人、社長や幹部として企業を運営し、経済的に成功を求めようとする人↓経営学部や商学部、経営情報学部
③とくに商取引の実践を学びたい人↓商学部
④コンピュータを用いる分析などに、とくに関心のある人↓経営情報学部

にそれぞれ進むのが好ましいということになります。

とはいえ、**これらは隣接する学部ですし、卒業後の就職先も、実のところ、さほど変わりがありません。**

具体的に大学で学ぶ内容に、関心がもてるかどうかで志望校を決めるといいでしょう。

2 どんな人がそれぞれの学部に向いている？どんな人を求めている？

では、どのような人が、これらの学部に向いているのでしょうか。

★社会に関心がある人

どの学部を志望するにしても、**「社会に関心のある人であること」が何よりも大事**です。

「世の中の動きに関心がない」という人でしたら、文学部や人文学部などを志望するほうがいいでしょう。

「政府はどのようなことをしているのか」
「経済はそれによってよくなっているのか」
「社会の流行はどうなっているのか」

そのようなことに関心のある人が、これらの学部向きです。

★お金の動きに関心のある人

社会の中でも、**とくにお金の動きに関心のある人**が、これらの学部に向いています。

テレビのニュースを見て、

「政府の経済政策がうまくいっているかどうか」

「世界の経済は上向くのかどうか」

といったことに関心をもつ人は、経済学部向きです。

ある企業が成功したり、失敗したりといった報道がなされます。

「なぜ、あの会社は大きな利益を上げたのか」

「あの企業は、どういう工夫をしたのか」

といったことに関心のある人は経営学部や商学部向きです。

★客観的に物事を見ることのできる人

経済・経営系の学部を志望する人には、文学部のような個性は求められません。

何かにこだわって探求したり想像したりするタイプではなく、**客観的に物事を見て、的**

確に判断するような能力をもった人がこれらの学部に合っています。

また、ビジネスマンになると、グラフや表などの資料も的確に読み取って、テキパキと処理することが求められるので、これらの学部でもそのような能力も大事です。

3 どんな小論文問題が出題される？

では、経済学部と経営学部、商学部、経営情報学部の小論文問題に違いはあるのでしょうか。

実をいうと、それほどの差はありません。**ほとんど同じような問題が出ます。**

ただ、少しだけ違いがあります。

ほんの少しですが、**経済学部の場合、やや「国全体や海外の状況」「政策決定」「日本社会の抱える経済問題」を出す傾向が強い**といえそうです。

テーマとして最も多いのは、現代日本の社会問題に関するものです。

新聞やテレビニュースなどでしばしば取り上げられている問題が出題されます。課題文がついて、それについて論じる形が最も多いでしょう。

「社会についてしっかりとした知識があるのかどうか」「社会的関心があるのかどうか」を大学は見ようとしています。

とくに難しい問題ではないことが多いでしょう。

ふだんから新聞を読んだり、テレビニュースを見たりしていれば、書く内容を見つけるのに苦労はしないでしょう。

第3部

経済・経営系の学部の小論文に必要な基礎知識を身につけよう

ケイくん　小論文の書き方もだいたいわかりましたし、学部の特徴もだいたいわかりました。

では、志望する学部に入るためには、どんな勉強をすればいいんでしょう。

先生　小論文を書くのに、いちばん大事なのは、書く内容だよ。

書き方や特徴がわかるだけではダメだ。

大学は小論文入試をして、君たち受験生が、本当にその大学に入って勉強できるのか、大学卒業後、きちんと社会人として活躍できるかを見ようとしているんだ。

だから、きちんと知識をつけて、その大学に入学して学ぶだけの関心や知識や能力があることを示さなくてはいけない。

ケイくん　そうですよね……。

先生　では、経済系の学部に必要な知識を、できるだけわかりやすく整理して説明しよう。

いまから説明することを頭に入れて、ふだんから新聞を読んだり、テレビニュースを見たり、本を読んだりしてほしいね。

ケイくん　わかりました。

先生　項目の最後に、復習として簡単な小論文問題を出すから、それに挑戦してみてね。

グローバル化

世界のお金の動きを考えるうえで、最も重大なことは、この数十年の間に起こったグローバル化の動きです。

経済学部や経営学部の小論文を書くためには、グローバル化の影響、その反動をしっかりと理解しておくことが大事です。

グローバル化について直接問われなくても、これを頭に入れたうえで小論文を書くと、説得力が出ることが多いでしょう。

グローバル化とは？

グローバル化というのは、人・モノ・情報が国境を越えて、世界がまるでひとつのようになってしまうことをいいます。

現在では交通機関が発達しているので、人が国境を越えて、世界中に移動しています。日本国内にも、多くの外国人が住んで働いています。日本人も世界中で働いています。日本の企業が世界の各地に工場や事務所をもち、日本製品が世界中で売られています。

そして、もちろん日本にも、世界中のものが輸入されています。

また、コンピュータを使って世界中の情報が行き交っています。日本人が欧米や東南アジアの企業の株を買うこともできます。

このように、**いまは国を超えてグローバルな経済になっている**のです。

グローバル化のプラス面①▼世界経済が活発になる

グローバル化の最大のプラス面は、世界全体の経済の動きが盛んになることです。

以前はひとつの国の中だけで売り買いをしていたのに対して、世界全体で売り買いをするので、規模が大きくなります。

労働力の安いところに工場をつくって、できた製品を世界中に売ることもできます。そうすると、外国から安いものを買うこともできます。

こうして、**かつては産業のなかったところでも産業が生まれ、グローバルな世界に加わるようになりました**。

貧しくて生活できなかった地域でも、産業が起こって生活できるようになっているのです。

グローバル化のプラス面②▼世界が共通のルールで動くようになった

そのほかにも、グローバル化によって、**世界が共通のルールで動くようになったこともグローバル化のプラス面**といえるでしょう。

グローバル化する前は、国によって貿易に関する法律やしきたりが異なり、スムーズな交易ができませんでした。

しかし、グローバル化が進んだことで、世界中の多くの国で同じルールで貿易が行われるようになりました。ある国で許されていることが、ほかの国に行くと違法だ、といったことが少なくなりました。

世界で共通のルールができたことによって、世界中の人が接点をもって話ができるようになりました。

経済交流を通して共通の考え方ができ、世界平和に近づいたともいえるでしょう。

グローバル化のマイナス面①▼国内産業を圧迫する

グローバル化はそうした反面、いくつもの問題も引き起こしています。

その**最大の問題は、先進国の国内の産業を圧迫すること**です。先進国の多くが、この問題に苦しんでいます。

先進国で何かの製品をつくると、どうしても労働者に対して高い給料を出す必要があるので、製品も高くなってしまいます。そのため、多くの企業が先進国以外の安い労働力を使って製品をつくろうとします。

そうすると、工場は労働力の安い国にばかり集まり、先進国でつくったものは高すぎて売れなくなってしまいます。

そして、先進国の工業が成り立たなくなっていくのです。

そうなると、**先進国の多くの人が仕事を見つけることができなくなって、時に失業することになります**。

こうして、先進国内の労働者の生活が苦しくなっていくのです。

グローバル化のマイナス面②▼さまざまな経済格差が生まれる

グローバル化したために、世界を相手に商売ができるようになり、仕事に成功した人は莫大な利益を上げることができるようになりました。

また、世界中の株の取引を行うことによって巨万の富を得る人も増えました。

とくに先進国のインターネットにかかわる仕事をしている人、株の投資を行っている人に富が集中するようになりました。

一方、先進国の一般の労働者は、外国の安い労賃でつくられた製品に対抗するために、報酬を減らされることになってしまいました。

たとえば、東南アジアでつくられたものは安く売られています。

日本で同じような製品をつくる場合も、それに対抗できるように、安くするしかありません。そうなると、会社側は労賃を安くしようとします。結果的に、労働者は安い給料で働くことになるのです。

では、途上国の人はよい目にばかりあっているかというと、そんなことはありません。

グローバル化したために、途上国の農産物などが先進国に向けて輸出されるようになったため、現地の人向けの食料などが不足してしまう事態が起こっています。

食べ物が貿易用になってしまって、現地の人が飢えているのです。

そして、**途上国でも、グローバルな経済にかかわる仕事をしている人とそうでない人の間に大きな経済格差が生まれています。**

グローバル化のマイナス面③▼移民問題

グローバル化して、海外に自由に行けるようになると、貧しい国の人は「先進国に働きにいって、もっと高い給料を得たい」と思うようになります。

こうして、**欧米の先進国には、移民があふれる**ことになってしまいました。

しかも、アフリカや中東の途上国では、政治的に不安定です。

テロが起こることもしばしばです。内戦も起こっています。

そのような危険な国に暮らす人が、安全を求めて先進国に移住しようとする動きもあります。

以前は移民をかなり大幅に受け入れていた欧米の先進国も、あまりに多くの移民が押し寄せて、以前から先進国に暮らす人と衝突を起こすような事件が起こったために、**近年では、移民を制限するようになっています**。


しかし、それでも移民を希望する途上国の人が後を絶ちません。

たとえば、フランスはもともとはカトリック教徒が中心の国でしたが、いまでは移民としてやってきて、そのまま住み着いたイスラム教徒が増えています。

この2つの宗教はしばしば衝突を起こします。

また、もとから暮らすフランス人の中には、「自分たちの仕事が奪われる」「自分たちの文化が侵害される」という意識をもつ人がいます。
こうして、衝突や対立が起こっています。

グローバル化のマイナス面④▼テロや政治的争いを招く

いま、世界のあちこちでテロが発生しています。
それもグローバル化のマイナス面といえるでしょう。

グローバル化する以前は、民族グループの異なる人は別の国、別の区域で暮らしていました。

ところが、グローバル化したために、さまざまな民族の人、さまざまな宗教の人が隣り合って暮らすようになりました。

また、グローバル化すると、アメリカ風の考え方や生活様式が世界中に広まるので、世界の各地に、そのような生活を取り入れる人が増えてきます。

ところが、それを苦々しく思う人も増えてくるのです。

たとえば、イスラム教徒のなかにアメリカ風の生活をする人があらわれると、昔ながらの宗教を大事にする人は苦々しく思います。裏切り者のように思ってしまうのです。

こうして、**世界各地で民族と民族、宗教と宗教、伝統的な人とそうでない人との間で争いが起こる**ようになってきました。

そして、それがテロに結びつき、政治的な争いになっているのです。

グローバル化のマイナス面⑤▼世界同時恐慌が起こる可能性がある

グローバル化が進むと、世界同時恐慌が起こる可能性があるといわれています。それも大きなマイナス面です。

世界の経済がひとつながりになっていると、ある一箇所で大きな問題が起きた場合、世界中に波及してしまうのです。

たとえば、２００８年、アメリカでリーマンショックが起こって、株価が急に下がりました。

それはアメリカの「リーマン・ブラザーズ」という会社が破綻したことによって起こっ

たのですが、リーマン関連の株を世界中の人がもっており、それが値下がりしたために、世界中で株価が下がり、大不況に陥ってしまったのでした。

これと同じようなことが、これからも起こらないとも限りません。

グローバル化の現在の状況①▼グローバル化をとどめる動きも出ている

2000年代から急速にグローバル化が世界中で進展しました。

ところが、先に述べたような**グローバル化のマイナス面が拡大し、グローバル化をとどめるような動きが世界中で出てきています**。

アメリカにトランプ大統領が登場したのも、そのような傾向のあらわれといえます。

トランプ大統領の主張した「アメリカ第一主義」とは、グローバル化のために停滞してしまったアメリカ国内の産業を復活させ、外国製品や国内にいる移民を追い出し、本来のアメリカ人が利益を得る社会をつくろうというものでした。

アメリカほど極端ではありませんでしたが、ヨーロッパの各国も外国からの移民に手を焼き、自国の産業が育たないことにいらだって、グローバル化をとどめようという動きが出ています。
外国人排斥運動もそのひとつといえるでしょう。

とはいえ、経済のグローバル化をとどめるのは難しいので、これからもグローバル化は進んでいくでしょう。

アメリカもバイデン大統領に代わってから、再びグローバル化が進んでいくものと見られています。

ただ、これまでほどのスピードでは、グローバル化は進んでいかないかもしれません。

グローバル化の現在の状況②▼中国の台頭と「新冷戦」

1950年ごろから1990年ごろまで、アメリカを中心とする資本主義陣営と、ソ連を中心とする社会主義陣営に分かれ、それぞれ核兵器を保有して、いつ戦争になってもおかしくない状態でにらみ合いを続けていました。

その後、社会主義経済が破綻して、ソ連という国も消失し、そのような「冷戦」は終わりました。

その後、グローバル化が進み、一時は、「アメリカの一国支配」になるのではないかといわれました。

世界中がアメリカ化し、アメリカがすべての中心になると思われたのです。

しかし、アメリカの経済も思ったほど伸びず、世界への影響力もさほどではありませんでした。

そして、**急速なグローバル化が一息ついた現在、問題になっているのは、中国の台頭、そして、「新冷戦」と呼ばれる状態**です。

中国は共産党が支配する共産主義国家ですが、経済に資本主義を取り入れてから、急速に国力を伸ばしてきました。

2000年代のはじめまで、中国は「世界の工場」といわれていました。

先進国の企業が安い労働力を求めて中国国内に工場をつくって、その製品を世界に販売していたのです。

ところが、中国の人々は、徐々に自前の技術力を身につけ、独自のブランドで製品をつくるようになり、先進国をリードする開発を行うようになりました。

いまでは、**中国はアメリカに次ぐ世界第二のGDP大国**です。

中国には13億人が暮らし、長い間、途上国のリーダーとしてアジア諸国やアフリカ諸国と行動を共にし、それらの国に援助をしてきたので、中国の国際的な存在感も圧倒的です。


ところが、その中国は共産主義国ですので、ほかの国とはルールが異なります。しかも、アメリカなどに安い製品を大量に輸出してきたため、アメリカ国内の産業を苦しめ、アメリカと対立を起こしています。

経済面だけでなく、政治面でも、中国はこれまでよりもずっと広い地域を自国領土と主張したり、中国領土内の国民の自由を認めずに抑圧するなど、ほかの国々から見ると横暴に思えるような行為をとっています。

そのため、**いまアメリカを中心とする国々と中国を中心とする国々の間で「新しい冷戦」がはじまっている**といわれているのです。

新型コロナウイルスの打撃

近年、世界の経済と政治に大きな打撃を与えたのが**新型コロナウイルス**です。

新型コロナウイルスは、２０１９年12月、中国の武漢で最初に感染が広まり、それがグローバル化した世界に瞬く間に広まっていきました。そして、世界中で数億人が感染し、何百万人もの死者を出しました。

世界中で感染拡大を食い止めるために、町の封鎖や外出禁止、外出自粛などを行いました。

その結果、旅行業、飲食業、イベント業などの業種が、とくに大きな損害を受けています。世界中の政府で国民や企業に補償金などを出しましたが、それでもたくさんの会社が倒産しました。

新型コロナウイルスがもたらした大きな変化は？

新型コロナウイルスの感染拡大は、社会に大きな変化をもたらしました。

本書でもそれらについていくつもの項目で取り上げますが、ここにまとめてみましょう。

①海外に依存することの危険性

第一に、多くの企業が、新型コロナウイルスの感染拡大を機会に、**部品を外国に依存することの危険性**に気づきました。

コロナが拡大したとき、日本国内の多くの工場で生産がストップしました。外国から部品が入ってこなくなって生産ができなくなったからです。

日本の企業は、これをきっかけに**「海外に部品などを依存するのは危険だ」**ということに気づいたのでした。

これからは国内で部品が集められるように改められていくことでしょう。

②外国人観光客依存の危険性

第二に、**外国人客が減少することで、多くの業界が打撃を受け、「外国人観光客へ依存することの危険性」を知る**ことになりました。

観光地のお土産物店やホテルなどは外国人客を相手にして成り立っていましたが、あまりに外国人に頼ると危険です。

企業を存続させるためには、外国人だけに頼るのではなく、日本人にも好まれるようなものを扱う必要があることに気づいたのです。

③テレワークが広まり、IT化が進んだ

第三に**テレワークが広まり、それに付随してIT化が進みました**。

これまで日本では、顔を合わせて仕事をする傾向が強かったのですが、感染防止のためにテレワークが推奨されてから、この働き方がかなり定着しました。

またそれにともなって、「印鑑を押す」といった習慣が見直され、オフィスでのコンピュータ化も進みました。

こうすることで、わざわざ会社に行って仕事をしなくても、遠くに離れたまま仕事ができる環境がかなり整ってきました。

④正規労働者と非正規労働者の格差が拡大した

ここまでは、新型コロナウイルスの感染拡大がプラスにはたらく可能性のある点につい

てでしたが、第四にあげるのは、マイナス面です。

感染拡大は、**正規労働者と非正規労働者の格差を拡大**しました。86ページでも説明するとおり、グローバル化とともにアルバイトやパートで働く非正規の労働者が増え、正社員などの正規労働者との待遇面の差が問題になっていたのですが、それがいっそう深刻になったのです。新型コロナウイルスの感染による打撃を避けるために、企業の多くが非正規労働者の雇用を打ち切ったり、時間を短縮したりすることによって、乗り切ろうとしたのでした。

それに、正規労働者はもともと余裕があったので、企業が苦しい時期も貯金などでなんとか乗り切れましたが、非正規労働者の多くが経済的な余裕がないので、収入減がそのまま生活の破綻になってしまった人もいました。

こうして、**非正規労働者の中には、貧困に直面する人も少なくなかった**のです。

新型コロナウイルスによって、中国の存在感が大きくなった

もうひとつ、新型コロナウイルスが世界に持ち込んだ大きな問題があります。それは、

中国がこれを機会に存在感を大きくしたという問題です。

中国で新型コロナウイルスが発生したのかどうかは諸説ありますが、最初にこのウイルスに苦しめられたのは間違いなく中国でした。

その結果として、中国が最初にこの感染症への対応を求められ、最初にウイルスの蔓延を終息させることになりました。

ワクチンも世界の中でも極めて早期につくりました。

こうして、中国は最初に新型コロナウイルス終息に成功した国として、世界中に自分たちのノウハウを紹介し、ワクチンを売り込むようになったのでした。

また、新型コロナウイルスの感染拡大によって誰の目にも明らかになったのは、**自由主義社会では、どうしても反対意見をもつ人、違反する人が出て、感染をゼロにするのは難しい**ということでした。

ところが、中国のように個人よりも社会全体の利益を優先する社会では、個人の権利などあまり配慮せずに感染に対応できます。

違反した人間がいた場合、自由主義国では厳しく取り締まれませんが、中国では有無を言わせずに逮捕し、罰することができます。

そうすると大都市の封鎖なども中国だと徹底的に行うことができ、実際に大きな効果をあげました。

もし中国式の対応が世界でマネされるようになり、そのような方法がこれからも感染症などの蔓延を食い止める最上の方法とみなされると、世界全体が窮屈になってしまいそうです。

これから、日本は中国とどう付き合っていくかが大きな問題なのですが、新型コロナウイルスは、その問題をいっそう複雑にしたのでした。

グローバル化の中の日本

グローバル化は、日本の経済にも大きな影響を及ぼしています。

日本国内の経済や経営を考えるとき、グローバル化の波を無視することはできません。したがって、これについての知識は、経済・経営系の志望者には不可欠です。経済・経営系の小論文問題で、日本の経済や企業について問われたら、真っ先にグローバル化との関連を考える必要があります。

日本経済に見るグローバル化

日本企業の多くが、日本国内だけでなく、海外に製品を輸出しています。海外の材料を使って商品をつくっています。

また、大企業の多くは日本国内だけでなく、中国や東南アジアなどの国にオフィスや工場をつくっています。

たとえば、日本車であっても、そこで使われる金属は海外で掘り出されたものであり、海外で組み立てられた部品であり、外国人労働者によってつくられたものだったりします。

そして、日本の企業の株式を海外の人が購入し、日本人もまた海外で仕事をし、海外の企業と取引しています。

そして、もちろん一般の消費者は、海外でつくられたもの、海外から輸入された原料を用いたものを、日常的に消費しています。

海外から観光客もやって来ますし、日本国内でもたくさんの外国人が働いています。

グローバル化したからこそ、私たちはかなり安い値段で海外のものを購入できます。海外から安い原材料を輸入するからこそ、便利に快適な生活ができるのです。

また、**海外に輸出するための製品をつくるからこそ、働き口がある**のです。

日本国内を商売の相手にしているだけでは、どうしても経済規模が縮小してしまいます。

グローバルな世界を相手に仕事をしているからこそ、国民は生活していけます。

グローバル化の日本国内へのマイナス面①▼非正規雇用の増加

しかし、日本国内でもグローバル化のマイナス面があちこちにあらわれています。

最も大きな問題点は、**日本の労働者の賃金が低く抑えられた**ことでしょう。

グローバル化したために、中国などでつくられた安い製品がどんどんと輸入されるようになりました。

中国製やベトナム製ですと、日本製の同じようなものよりもずっと安く手に入ります。海外でつくられたものをたくさん売る激安店も生まれました。

日本の企業としては、それに対抗するためには、コストを削減するしかありません。そのためにさまざまな工夫をしました。

その一環で、日本の労働者の賃金も低く抑えるという手段も用いました。

ところが、正社員などの正規労働者は安定した給料や雇用保険、社会保険などによって身分を保障されているので、安く雇うことができません。

その点、パートやアルバイトなどでしたら、安い賃金で身分保障をつけないで働かせることができます。

そのような事情で、**日本の企業は非正規雇用を増やしていった**のでした。

4～5人のスタッフのいるお店など、正社員はひとりだけで、ほかはパートやアルバイトというようなことがふつうになっています。
それもグローバル化の影響といえるでしょう。

グローバル化の日本国内へのマイナス面②▼国内産業の打撃

新型コロナウイルスが問題になったとき、国内のさまざまな商品の製造がストップしたことを覚えている人も多いでしょう。

車や自転車、さまざまな機械。そしてマスク、消毒液などの衛生のための商品も品不足になりました。

自動車を例にとると、鉄鋼などの原材料やさまざまな部品は海外から輸入し、自動車を組み立てています。

ですから、新型コロナウイルス感染が拡大して海外との交通がストップすると、それらの部品が入ってこなくなるのです。

なかには、マスクなどのように中国で主としてつくられているものもありました。それらは中国の感染拡大のために、生産が遅れ、日本にも入ってこなくなったのでした。

これらのことは、**現在、多くのものを外国に頼っており、日本の産業が国内だけで成り立っていない**ことを示します。

今後、新型コロナのような感染症に再び襲われた場合、あるいは戦争などの国際的な大事件が起こったとき、同じように国内の流通が混乱する恐れがあります。

ここにも**グローバル化の弊害がある**といえるでしょう。

グローバル化の日本国内へのマイナス面③▼低い食料自給率

同じような問題に食料の自給率があります。

食料自給率には、**「カロリーベース」と「生産額ベース」**の2種類があります。

「カロリーベース」というのは、**日本人が摂取しているカロリーのうちどのくらいを国内生産できているか**、「生産額ベース」というのは、**どのくらいの額を国内で生産しているか**の数字です。

2019年度の日本の食料自給率はカロリーベースで38%、生産額ベースで66%です。

これは**世界的に見ても低い数値**です。

日本では国内で食べる食料を十分に国内でつくっていないということになります。

その原因のひとつは、**日本の食生活の変化**にあるでしょう。

昔ながらのお米に和食というスタイルではなく、パンなどの洋食を食べる人が増えました。たくさんの外食産業があり、外国からたくさんの食材を輸入しています。

いってみれば、**日本の食事はグローバル化している**という面があるのです。

しかし、**もっと大きな問題として、日本が農業に力を入れていない**ことがあげられます。

日本は先進工業国です。農業や林業などの第一次産業よりも、工業や情報産業に力を入れています。

日本は海外に工業製品を輸出する代わりに、それらの国から農業製品を輸入して、貿易が一方的にならないようにしているのです。

海外の国は日本が農業製品を輸入しているからこそ、日本から工業製品を買ってくれるという面もあるわけです。

しかも、もちろん日本で農産物をつくるよりも、海外から農産物を輸入するほうが安くすみます。

そうなると、農業はだんだんと廃れ、農家は後継者がいなくなっていきます。

農家の若者は「農業よりもほかの仕事をしたい」と考えるようになっています。

このようにして、ますます日本の食料自給率は下がっています。

しかし、「これでいいのか」という議論がなされています。

「このままでは、世界的な飢饉が起こったとき、あるいはコロナ禍のように海外から食料が入ってこなくなったとき、日本人は飢えに苦しむことになるのではないか」

「もっと自給率を高める必要があるのではないか」

そういう議論がなされています。

小論文問題①

新型コロナウイルスの感染が拡大したころ、マスク不足が大きな問題になりました。

なぜマスク不足が起こったのか、どうすればよいのかについて、600字以内であなたの考えを述べなさい。

【解説】

まず、マスク不足について、どのようなことが起こったのかを確認しておきましょう。

2019年末ごろから、中国で新型コロナウイルスの感染拡大が問題になりました。2020年2月には日本でも感染者が確認され、世界中に感染が広まりました。

そのころから、このウイルスに感染するのを予防するのに有効なマスクが売れるようになり、すぐに品不足になりました。

国内にあるマスクはほとんど売り切れて、増産する必要があったのですが、マスクのほとんどが中国製でした。

中国国内でもマスク不足であり、そのうえ新型コロナウイルスのために交易がストップしていたので、中国製マスクを日本国内に輸入することはしばらくできませんでした。

国内の工場で新たにつくることを計画した企業もあったのですが、**マスクの材料である不織布も、多くは中国などのアジア地域からの輸入に頼っていたので、日本でつくるのも難しかった**のです。

しばらくして、ようやく中国からの輸入ができるようになり、日本国内でのマスク生産も軌道に乗って、マスク不足は解消されました。

なぜマスク不足が起こったのでしょうか。整理してみましょう。

①感染予防のためにマスクが必要だったので、多くの国民が求めた
②日本にマスクをつくる会社はほとんどなく、マスクのほとんどが中国製だったので、輸入できなくなった
③日本製品も材料が外国からの輸入品だったので、軌道に乗らなかった

この背景にあるのが、グローバル化のために、世界中にまたがって生産するようになっていることがあげられます。

マスク本体も、マスクの材料も外国に頼っているのが、マスク不足の根本原因なのです。

では、どうすればいいのでしょうか。

マスクに限らず、国民の健康に必要なものを外国に頼らないで国内でつくるようにしておくことが大事です。

また、原材料や部品なども、一箇所に頼ると、その地域で何かが起こると輸入できなくなるので、いくつかの地域に分けておくことも必要でしょう。

そうした内容を踏まえたうえで、次に、どの「型」で書くかを考えましょう。
今回の課題では、「なぜマスク不足が起こったのか、どうすればよいのか」について書くことが求められています。

本格的に論じるというよりは、「なぜマスク不足が起こったのか」という原因の説明と、「どうすればいいのか」という対策の説明です。

このような場合には、**「C型」ではなく、「A型」の応用と考えて、二部構成で書くほうが書きやすい**はずです。

第一部に、なぜマスクが不足したかの説明を書きます。

そして、後半にその問題解決のための対策を書けばいいのです。

【解答例】

新型コロナウイルス感染拡大時に、日本でマスクが不足するようになったのは、まずは感染防止のために、多くの国民がマスクを買い求めたことによる。しかも、マスクのほとんどが中国製だったので、中国で感染爆発が起こっている間、輸入がストップした。国内の工場で新たにつくることも計画されたが、マスクの材料である布の多くは中国などのアジア地域からの輸入に頼っていたので、日本で製造するのに時間がかかった。つまり、グローバル化によって、ひとつの国でものをつくるのではなく、外国に製品や部品を頼るようになっている。そのためにマスクも不足したのである。

今後、同じような状況にならないためには、疫病の感染や戦争、国家と国家の対立があっても国民の健康に必要なものを外国に頼らずに日本国内でつくる体制を整えておくことが重要である。国内生産をすると値段が高くなってしまうことも考えられるので、場合によっては、必要不可欠なものについては政府による支援なども必要である。また、原材料も、中国などひとつの国、ひとつの地域に頼っていると、それを輸入できなくなる可能性があるので、数か所に分けておく必要がある。そうすることによって、重大な事件や災害が起こっても、それに対応する時間を得ることができる。以上のような対応によって、リスクに備えることができると考えられる。

人口減少社会

日本の将来を考えるとき、必ず頭に入れておかないといけないのは、人口が減少することです。人口減少はさまざまな問題を引き起こします。

問題点や対策について知っておく必要があります。

日本が抱える大問題が「人口減少」「少子化」

現在の日本の抱える大問題が人口減少です。

その原因となっているのが、**少子化**です。

少子化とは、**子どもの数が減っていくこと**をいいます。

同じ人口を保つためには、平均してひとりの女性が一生のうちに二人以上の子どもを産む必要があります。

ところが、しばらく前から、出生率がどんどん下がっています。

２０１８年の合計特殊出生率は１・42で、このままでは人口が減りつづけることになってしまうのです。

少子化の原因①▼女性の社会進出

少子化の原因はいくつかありますが、そのひとつには**女性の社会進出**があげられるでしょう。

かつて女性は家にいて家事や育児をするものとみなされていましたが、いまでは女性も男性と同じように、学校に進学し、社会で仕事をするようになりました。

そのため、結婚をしないで、そのまま働きつづける女性や、遅く結婚して子どもをそれほど産まない女性が増えました。

また、**教育が重視される社会になった**ことも理由として考えられます。

昔と違って、現在では、子どもに高い教育を受けさせようとします。

そのほうが、子どもは将来、高い収入を得る可能性が高いからです。

教育にはお金がかかりますから、子どもをたくさんつくるよりは、一人か二人にしたいと考えるのです。

少子化の原因②▼育児環境が整っていない

少子化の背景には、**「育児環境が整っていない」という現状**もあります。

昔と違って、いまはほとんどが核家族です。大家族で暮らしているわけではありません。

ですから、育児を大家族に頼るわけにはいきません。どうしても、保育所に子どもを預けたり、夫婦が協力し合ったりして子どもを育てることになります。

ところが、保育所が整備されていないために、子どもを預けるのにも「なかなか順番が回ってこない」という状況があります。

また、**男性の育児休暇は認められているものの、まだそれが一般的ではない**という状況もあります。

そのために、子育てがなかなかできずに、子どもをつくりにくい状況が続いているのです。

それ以外にも、大きな問題として、**若者が十分に収入を得られずにいる状況**がありま す。

前にも説明したとおり、グローバル化の影響で、日本企業は労働賃金を低くし、そのために非正規雇用を増やす傾向を強めました。

その結果、**非正規のアルバイトやパートの低い賃金で生活する若者が増えました**。

また、**たとえ正規雇用であっても、結婚して子どもを育てるのに十分な収入のない若者が増えている**のです。

そのような事情もあって、少子化に歯止めがかかりません。

少子化の問題点は?

では、人口が減るとどんなことが起こるのでしょう。

最も大きな問題点は、生産力が落ちることです。

若者が減っていきますので、労働人口が減ってしまいます。

たとえば、農業や建設業などの仕事でもたくさんの人手が必要です。それがあってこそ、産業は拡大します。

新たなアイデアも、これほどまでには出てこないでしょう。技術革新もあまり進まなくなります。

結果的に、産業が停滞してしまいます。

もっと大きな問題として、**消費力が落ちる**こともあげられます。

子ども向け商品、若者向け商品が売れなくなります。

家を買う人、借りる人も少なくなります。これまでのように、大型マンションが販売されたり、巨大ビルが立ち並んだりしなくなるでしょう。

人口が少ないと、モノの売れ行きも悪くなっていきます。経済が成り立たなくなっていきます。

つまり、**人口が減ると、労働力も消費力も落ちて、国力が落ちてしまう**のです。

高齢化の問題点は？

少子化と対になって語られるのが**高齢化**です。

近年の医学の進歩により、高齢者は長寿になりました。

２０２０年の日本人の平均寿命は、女性が87・45歳、男性が81・41歳です。もちろん、長生きなのはいいことです。

しかし、先ほど説明したとおり、少子化が進んでいます。

つまり、**社会の中で高齢者の占める割合が増える**ということです。

現在では65歳以上の高齢者が人口の28パーセント以上を占めています。


少子高齢化すると、社会にはいろいろと問題が起こってきます。

最も大きな問題は、公的年金でしょう。

現在、日本では20歳以上60歳未満の国民全員が国民年金に加入することが義務付けられています。

働いているうちにお金を積み立て、老後になってから、それを受け取るという仕組みです。ただし、実際には、高齢者の年金は、現役世代の人の積立金から支払われています。

ですから、**若い人の人数が減り、高齢者の人数が増えると、少ない現役世代で高齢者を支えなければならなくなります**。現役世代の負担がどんどん増え、高齢者を支え切れなくなる恐れがあります。

また、**年金だけで生活できない人の多くは、生活保護を受ける**ことになります。貧しい高齢者が増えると、生活保護受給者が増えることになります。そうなると、現在の税金では不足するので、もっと税金を増やす必要が出てきます。

つまり、**高齢社会になると、若い人たちの負担が増え、ますます若い人は経済力をなくし、消費活動ができなくなり、社会全体を圧迫する**のです。

労働者不足の解決法①▼女性が働きやすい環境をつくる

では、これらのことを解決するために、どのようなことができるでしょうか。

まずは、**女性が働きやすい環境をつくる**ことです。

先ほど説明したとおり、保育所が整備されていなかったり、男性の育児休暇がとりにくい状態になっていたりして、女性の働きにくい状況が生まれています。

そのような点を改善することによって、女性の労働力を取り込むことができます。

また、**在宅勤務を増やすことも労働力を増やすことに役立つ**でしょう。

もちろん、職種にもよりますが、自宅で子育てをしながらパソコンなどを使って仕事ができれば、男女とも、もっと労働を増やすことができます。

新型コロナウイルスの感染拡大によって、在宅勤務は大幅に増えましたが、もっと増やすことによって、**労働者不足ばかりでなく、少子化の対策にもなる**はずです。

労働者不足の解決法②▼定年延長

労働者不足の解決策としてもうひとつ考えられるのが、**定年延長**です。

現在、多くの企業が60歳か65歳になると定年になって、企業をやめることになっています。

しかし、現在の65歳はまだ若々しく、それ以前と同じように仕事のできる人が大半です。

ですから、仕事をやめるのではなく、これからも続けてもらうようにします。給料は下がりますが、労働者はそのまま働くことができます。

また、**一度、定年でやめたあとに新たな条件で雇用し直す「再雇用」でも、労働力不足を補うことができます**。

定年延長ができない場合、この方法によってもっと高齢まで働くことができます。そうすることで、いつまでも自分らしく生きることができ、生活費を補うことができると考える人もいるでしょう。

ただし、**定年延長や高齢者の再雇用には、若者の雇用を圧迫するという面があることも考慮しておく**必要があります。

もちろん、労働力が不足している業種なら、高齢の労働者でも必要としていることが多いでしょうが、そうでない場合には、高齢者がいつまでも仕事をしていると、若者は仕事につけなかったり、高い地位につけなかったりして、若者の生活を苦しめたり、働く意欲を失わせるといったことが起こってきます。

定年延長や再雇用を考えるとき、そのような事情も考慮したうえで行う必要があります。

労働者不足の解決法③▼外国人労働者の受け入れ

労働者不足を解決する切り札として考えられているのが、外国人労働者の受け入れです。

外国人労働者の受け入れは長年、厳しく制限されてきました。

コンビニなどで働いている外国人を見かけることがありますし、街を歩いている外国人は大勢います。

外国人が集まって暮らす地区も、あちらこちらにあります。

日本で労働できるのは、専門的な技能をもった人や日系人、アルバイトをする留学生、技能実習生などに限られていました。

しかし、**とくに介護、建設、造船、農業、漁業などの分野で労働力が不足したため、政府は2019年から、労働力の不足する分野で外国人の単純労働者も拡大して受け入れることにした**のです。

そして、在留資格を**「特定技能」「技能実習」**などに分けて、これまでよりも多くの外国人を受け入れることにしました。そして、日本で働いてもらう外国人には、日本人と差のない待遇を整えていくことにしました。

これから、先ほど示した領域に外国人労働者が増え、これまでよりも改善された境遇で働くことが期待されています。

移民の受け入れは？

しかし、日本政府は、「移民」受け入れには積極的ではありません。

「外国人労働者は受け入れるが、移民は受け入れない」という方針をとっています。

つまり、日本の経済のために必要な労働力を外国人で補うが、外国人が日本国内に住み着くことを認めないという立場です。外国人が日本に住み着いて、外国人街などをつくるのを避けようと考えているようです。

それについてさまざまな議論がなされています。

大きな問題のひとつは、**外国人労働者を受け入れる以上、日本に永住しようとする外国**

人も増え、事実上の移民になるのは当然だということです。

すでに、日本のさまざまな地域に多くの外国人が住んでいます。

日本政府の思惑（おもわく）どおりに、日本で不足する労働力を補うために日本に来て働いてもらい、必要なくなったら帰ってもらうというようなわけにはいかないのです。

外国人も生活をし、結婚したり、子どもをつくったりします。

日本の政府の思いどおりに行動するものではありません。

外国人労働者として働いてもらううちに、事実上の移民ということになりそうです。

移民受け入れへの賛成意見は？

では、日本は移民を受け入れるべきなのか。

これについても議論がなされています。

もちろん移民を受け入れるべきだという意見の最も大きな根拠は、日本の労働力不足ですが、それ以外にも、根拠があります。

「日本は先進国のひとつとして移民を受け入れるべきだ」という意見があります。

現在、アフリカなどの途上国から先進国に移民が押しかけています。

途上国には産業もなく、衛生的でもなく、しばしば内戦が起こっているので、そこから逃れるために先進国に住もうとするのです。

先進国はそうした民族移動を食い止めようとしていますが、できずにいます。

そこで、**先進国の一員である日本も、受け入れることによって、一部の先進国に負担が偏るのを避けるべきだ**という考えです。

また、いまはグローバル化の時代であって、もはや国境は関係なく暮らしていくようになっているという考えもあります。

「いつまでも日本国内に日本民族だけが住むという考えにしがみつくべきではない」「どこに住んでもいいはずだ」というのです。

移民受け入れへの反対意見は？

しかし、「移民の受け入れには慎重になるべきだ」という意見も多くあります。

その最大の根拠は**民族対立が起こる可能性がある**ことです。

移民を受け入れている先進国の多くが、苦労をしています。どうしても、もとから住んでいる人と折り合えないのです。

移民は、基本的に日本人とは別の文化をもっています。時には別の宗教をもっています。隣り合って暮らし、一緒に仕事をすると、どうしても誤解が生じます。対立することもあります。

移民の中には貧しい人もたくさんいるので、治安が乱れる恐れがあります。差別が起こったりもするでしょう。

貧しい移民の住み着くスラム街のようなものができるかもしれません。

また、移民は仕事をしていきますが、それを日本人が「仕事を奪われた」と感じることもあるかもしれません。

もちろん移民の中には優秀な人もたくさんいるので、日本人よりも高い地位につく人も出てきます。それを快く思わない人も多いでしょう。

それに加えて、日本にいる移民同士での争いも起こる可能性があります。

とくに、ユダヤ教やキリスト教とイスラム教はしばしば衝突し、テロが起こっています。移民が増えると、日本国内でもテロが起こる可能性があります。

このようなマイナス面が確かに考えられます。

これらのことは移民を受け入れた欧米ですでに起こっていることです。

これから移民を受け入れるとすると、日本がこれから先、このようなことにならないように気をつける必要があります。

小論文問題②

現在、日本の多くの組織で60歳から65歳で定年を迎え、退職する制度があります。ところが、近年、定年退職制度をなくすことが議論されています。

これについて、あなたはどう考えますか。意見を６００字以内でまとめなさい。

【解説】

現在、日本の多くの組織で定年退職制度があります。徐々に定年は延びて、60歳から65歳の企業がほとんどでしょう。その定年を70歳、あるいはそれ以上、または定年退職制度そのものをなくそうという動きもあります。

定年延長や定年制度廃止という考えの背景にあるのは、第一に労働者不足です。働き手が少なくなっているために、高齢者であっても労働を続けてほしいと考える組織が増えてきました。

また、**技術の継承も定年延長の大きな要因**になっています。高度な技術が若い人に伝わらずにいるため、いつまでも高齢者の技術を必要とするのです。

一方、労働者の側からも、定年延長を望む声があります。

近年、医療などの発達のために健康を長く保つ人が増え、70歳を超えても元気に働ける人が大勢います。せっかく元気に働いて社会に貢献できるのですから、「もっと働こう」と考える高齢者も多いのです。

近年、平均寿命が延びていますが、70歳を超えても働かなければ寿命が終わるまでの生活を過ごすことができない人も多いのです。

また、年金などが十分に整備されていないために、高齢になっても働かざるを得ないと考える人もたくさんいます。

これから先、ますます人口が減ってくるので、若い人が高齢者を支えるのが難しくなってきます。年金は現在よりももっと低く抑えられるかもしれません。その際、高齢者は働いて生活を支える必要があります。

では、定年をなくせばよいことばかりかというと、そうではありません。マイナスと考えられることもあります。

最も大きな問題は、定年がなくなって高齢者がいつまでも働くようになると、組織の効率が悪くなることが考えられます。

働けなくなっても仕事にしがみつく高齢者が増えてくると、組織に新しいアイデアも生まれず、活力がなくなってしまいます。

定年があって、いったん仕事をやめるという制度があってこそ、区切りをつけることができるという面があるのです。

また、**高齢者がいつまでも仕事を続けていると、若い人が新たに組織に入れないという問題**もあります。

ポストがいつまでもあかず、若い人の仕事場がなくなってしまいます。

その結果、若い人の収入が安定せずに、結婚できなかったり、子どもをつくれなかったりして、**ますます少子高齢化、人口減少が加速する**ことも考えられます。

以上のことを考えて論じる必要があります。

定年退職をなくすことについての意見が求められているわけですから、「定年退職をなくすべきか」についてはじめに問題提起をして論じればいいでしょう。

このように**賛成か反対かが問われている場合には、基本どおりの「C型」が書きやすい**でしょう。

定年退職をなくすことに賛成であれば、前に説明したとおり、

「労働者不足なので、高齢者も労働を続けてこそ、豊かな社会を維持できる」

「定年退職して、高齢者が退職すると、高度な技術が若い人に伝わらなくなる。高

齢者の技術が必要だ」

「近年、医療などの発達のために長く健康を保つ人が増え、70歳を超えても元気に働ける人が多くなっている。また、年金などが十分に整備されていないために、高齢になっても働く機会が必要だ」

などの根拠を示すことができます。

定年退職制度を続けるべきだという論には、

「定年がなくなって高齢者がいつまでも働くようになると、組織の効率が悪くなる。高齢者がいつまでも働くと、組織に新しいアイデアも生まれず、活力がなくなってしまう」

「高齢者がいつまでも仕事を続けていると、若い人が新たに組織に入れない。ポストがいつまでもあかず、若い人の仕事場がなくなってしまう」

などの根拠が考えられます。

【解答例】

現在、日本の多くの組織で60歳から65歳の間で定年退職するという規定があるが、定年退職をなくそうという動きがある。どう考えるべきだろうか。

確かに、定年がなくなって高齢者がいつまでも働くようになると、若い人が新たに組織に入りにくくなる。ポストがあかず、若い人の仕事場が減って、若い人の生活が成り立たず、結婚できない人、子どもをつくれない人が増える。少子高齢化、人口減少が加速する恐れがある。だが、その点に気をつけたうえで、定年はなくす方向で考えるべきである。

理由は二つある。第一に、日本社会の労働者不足である。人口減少にともなって労働人口が減り、さまざまな業種で労働者不足になっている。とりわけ、技術を習得した技術者が不足している。定年退職しないで、多くの高齢者が労働してこそ、日本社会は豊かさを維持できるのである。第二に、労働者の側でも、働くことが必要な人も多い。高齢化が進み、現役世代で高齢者の年金を支えることができなくなっている。そうなると、年金制度も崩壊する恐れがある。年金も引き下げられ、年金だけで生活することのできない高齢者も増えてくるだろう。そのような人は、働けるうちは働いて生活を支える必要がある。定年退職は現在、そのような人の働く道を阻んでいるのである。

以上述べたとおり、私は定年退職制度をなくすべきだと考える。

日本の企業の抱えている問題

グローバル化や少子化以外にも、日本企業はいくつもの問題を抱えています。そうしたことが、入試でも問われることがよくあります。しっかりと頭に入れておく必要があります。

日本の経済力は落ちている

日本は太平洋戦争の敗北で大きな打撃を受けましたが、冷戦の中、地理的に共産圏のすぐ近くにあるという事情もあって、資本主義陣営のひとつとして経済的に復興できました。

そして、性能のいい車、家電製品などを世界に輸出し、その後、**「日本式経営」「終身雇用」「年功序列」と呼ばれる国全体、企業全体が家族のように面倒をみあって発展するという企業形態**をつくり上げて、アメリカに次ぐ世界第二の経済大国になりました。

1980年代、「ジャパン・アズ・ナンバーワン」などと言われて、日本経済は世界をリードする勢いでした。

ところが、現在、日本のGDPは中国に追い越され、ひとりあたりGDPも世界で23位。

欧米でも日本企業の存在感が薄れ、中国や韓国の企業の名前がしばしば欧米で取り上げられます。

間違いなく、日本の経済力は落ちているといえるのです。

日本の経済力が落ちた理由①▼バブル経済のあとの処理に手間取った

日本が経済面で失敗した理由は、いくつか考えられます。

ひとつは**バブル経済のあとの処理に手間取ったこと**があげられます。

1980年代、実際に生産がなされていないのに、土地や株などの売り買いで好景気になり、多くの企業が土地や株を購入していました。

それを**「バブル（泡）経済」**と呼びます。

ところが、さまざまな要因でバブル（泡）がはじけ、不景気になってしまいました。すると、高額で買った土地や株が急激に値下がりし、多くの企業が借金をつくってしまったのです。

それを処理するのに、長い時間を要しました。

日本の経済力が落ちた理由②▼IT化の遅れ

2つめの理由は、**IT化の遅れ**です。

先進国はもちろん、韓国や中国なども次々とＩＴ産業に参入し、新しい技術をつくり出していきました。

しかし、日本人は手書き文化を好んだり、現金でのやりとりを好んだりして、パソコンなどを使用してのオンラインでのお金のやりとりや文書のやりとりがあまり進みませんでした。

また、日本の携帯電話は日本独自の技術を使って進歩しましたが、それが世界標準ではないため、海外で売ることができませんでした。

結果的に、**日本のＩＴ技術は世界水準からかなりの遅れをとることになった**のです。

日本の経済力が落ちた理由③▼日本の企業が安売り競争に入った

もうひとつ決定的だったのが、**日本の企業が安売り競争に入った**ことだといわれています。

グローバル化が進み、海外から安い製品が入ってきたとき、日本の企業の多くが安売り競争に参入しました。

そして、日本製、海外製に限らず、安売りを前面に出した小売店が次々と成功しました。「100円均一のお店」など、「激安」をうたい文句にする小売店やチェーンの飲食店がたくさんあらわれました。

しかし、安売り競争をしたため、労働者の賃金は切り詰められました。その結果、労働者は生活に余裕をなくして、買い物ができなくなってしまいました。

そうなると、物が売れなくなり、経済力が弱まります。安いものばかりが出てきますので、高いものが売れなくなってしまいます。

しかも、安売り競争をしているために、新技術の開発や新製品の開発にお金をかけることができません。

ほかの国では新しい技術が発展し、経済が潤っている間に、日本では技術が発達せず、ただただ安売りに力を入れていたという面もあるのです。

こうして、経済は低迷していきました。

その後、「アベノミクス」と呼ばれる安倍政権の経済政策で、ある程度の好景気を得ることができましたが、まだ日本経済はかつてのような輝きを取り戻せずにいます。

深刻化する労働者不足

高齢化がさまざまな業界に押し寄せています。

そこで問題になっているのが、先ほども説明した**労働者不足**です。

人口が減ってきたために、国全体の労働力が不足しているのですが、それ以上に、苦労のわりに収入の少ない労働が嫌われ、農林業、建設業、介護職などの仕事をする人が減っています。

飲食店やコンビニなどでも働く人が少なくなり、経営が成り立たなくなっています。日本の企業は、「どうやって労働力を確保するか」について頭を抱えています。そのため、「海外からの労働者を頼ろう」という動きが強まっているのです。

また、若い人が仕事につかないために、後継者が不足していることも問題になっています。

最も深刻なのは農林業でしょう。

産業そのものに魅力を感じる人が減ってしまったために、若い人がそれらの仕事を引き継ごうとしません。

現在、農村地帯は高齢者ばかりで、働き盛りの人は多くが都市に出ています。このままでは農林業が壊滅してしまう恐れがあります。

また、それ以外の分野でも、技能の引き継ぎができていないことが問題になっています。

現在の高齢者の中には、高い技能をもった人がたくさんいます。ところが、そのような技能が時代遅れとみなされたり、機械化のために軽く見られるなどして、若い世代に引き継がれていないのです。

とくに人口が減少して、若い世代がその業種の会社に入社しなくなってしまったために、途切れてしまった技術もたくさんあります。

正規雇用と非正規雇用の格差を減らす「同一労働・同一賃金」

86ページでも説明したとおり、日本の企業では近年、コストを削減するための施策として、非正規雇用を増やしてきました。

そこで、現在大きな問題になってきているのは、**正規雇用と非正規雇用の賃金格差**です。

正規雇用の社員（正社員）は身分が保障されており、簡単には解雇されず、社会保障もあります。

ところが、非正規雇用の人は、正規雇用の人とほとんど同じ仕事をしても、給料は3分の2程度やそれ以下に抑えられ、簡単に雇用契約も解除されます。

先ほど説明したとおり、こうした**低収入の非正規雇用者が増えたために、日本は所得格差の大きな社会（格差社会）**だといわれるようになり、若者が結婚して子どもをもつことが難しい状態になっています。

そこで、いま実現が求められているのが、**「同一労働・同一賃金」という原則**です。

つまり、**「同じ仕事をしたら、同じ賃金であるべきだ」という原則**です。

2020年から働き方改革の一環としてこれが実施されることになり、非正規労働者と正規労働者の格差はいくらか是正される可能性が高いと考えられています。

しかし、まだしばらくは格差が続くと思われます。

「働き方改革」の中身は？

2019年に**「働き方改革」**が法律で定められて、多様な働き方に向けて歩みだしています。

働き方改革とは、**「個々の事情に応じた柔軟な働き方ができる」ということを目的とした法律**です。先ほど説明した「同一労働・同一賃金」も、この法律に含まれています。

これまでは多くの人が同じような働き方をしていました。

オフィスで働く人の多くは、朝の9時に出勤し、5時まで働いて帰宅します。土・日が基本的にお休みです。

サービス系のお店で働く人も時間帯や曜日は異なりますが、同じように労働時間は一日8時間が原則、週に40時間の労働が基本でした。

そのような労働のあり方を労働基準法という法律で定めています。

ところが、時代は変化しました。

深夜に仕事をする人、自宅で仕事をする人、労働時間で計算することはできない独創性を重視する仕事をする人などが増えてきました。これまでの労働の考え方では現実に即さなくなってきました。

しかも、これまでにも説明したとおり、労働力が不足し、出生率が下がってきたという状況も起こっています。

そこで、**働き方を一律にしないで、女性やハンデのある方、高齢者なども働きやすくするために働き方改革**が行われました。

長時間労働を減らし、さまざまな働き方ができるように改革が行われています。また、職種によっては、8時間労働に制限されずに働くことのできる制度も設けられています。

働きやすい環境ができるかどうかは、これからの運用にかかっています。

テレワーク（在宅勤務）の普及と問題点は？

パソコンなどの機器とネット環境があれば、自宅でできる仕事もたくさんあります。

そのため、ＩＴ化が進むにつれて、テレワーク（在宅勤務）が増えてきました。

これまでは、日本人は仲間と一緒に仕事をするのを好む傾向にあったり、書類にハンコを押す必要があったりすることが多いために、テレワークはなかなか普及していませんでした。

それが一挙に進むきっかけになったのは、２０２０年以降感染が拡大した新型コロナウイルスでした。

緊急事態宣言が出され、外出自粛が呼びかけられ、オフィスへの出勤もできるだけ抑えて、テレワークに切りかえるように促されました。

それをきっかけに、テレワークを取り入れるオフィスが増えたのです。

取り入れる企業が増えるにつれて、テレワークの便利さも認識されるようになりました。

テレワークが行われると、通勤時間が必要なくなります。

無駄な時間を使わずに、自宅やその周辺にいながら仕事ができます。育児や家事、あるいは地域活動などと仕事を両立できます。

都心での大きなスペースも必要なくなりますので、会社は家賃などの負担が減ります。多くの面で経費節減になります。

テレワークが本当に進めば、都市のあり方自体が変わる可能性もあります。

もちろんテレワークに向かない仕事もあります。顧客と対面する必要のある仕事はたくさんあります。

テレワークですと、どうしても同僚との距離が遠くなったり、話をしているうちに生まれていたアイデアが出てこなくなったりといったことがあるでしょう。

そのような点を改善する方法を考えていく必要がありそうです。

しかし、日本社会はもっとＩＴ化を進め、仕事を効率化し、働きやすい環境をつくる必要があります。

最低賃金の引き上げ

「同一労働・同一賃金」のほかに、もうひとつ格差拡大を防ぐ方法が考えられています。

それが**最低賃金の引き上げ**です。

現在、地域ごとに最低賃金が定められています。企業で働く場合には、「最低でもこれ以上の賃金を支払わなくてはならない」という時給です。

その金額に満たない時給しか支払わない雇用主は法律違反で罰せられることになります。

その最低賃金が引き上げられれば、パートやアルバイトの時給が上がり、いくらかでも生活に余裕が出るはずです。

そうなれば、多くの人がもっと商品を買うようになって、経済が回りだします。もっと仕事が増えて、もっと賃金が上がっていきます。

いい方向に回っていくのです。

ただ、そうなると企業の側で困ったところが出てきます。

最低賃金を上げると、会社やお店側が働いている人に、いまよりも高い給料を支払うことになります。

そうなると、必死の努力で企業を成り立たせているところは大変です。

時給を50円上げただけでも、50人の労働者が8時間働けば、月20日の労働でもひと月で40万円余計にかかることになります。

これは中小企業にとっては痛手です。なかには倒産する企業もあるかもしれません。

したがって、**最低賃金を引き上げることに対して反対も多くあります**。

しかし、考えてみるべき問題だといえるでしょう。

これからの日本企業

日本企業はさまざまな問題を抱え、現在、変化しようとしていますが、それらの問題も小論文にしばしば出題されます。

どのような問題を日本企業は抱えているのか、どのように変化しようとしているのか、それはよいことなのかについて、知識をもっている必要があります。

日本企業が目指すべき技術革新は？

これからの日本企業が目指すべきなのは、技術の革新です。

その中でも核になるのが、**電気自動車、水素自動車、自動運転自動車の開発**だといわれています。

日本が先進国に躍り出たのは、高度成長期の自動車の開発がきっかけでした。欧米車よりも燃費がよくて故障しにくい小型の自動車を日本企業が大量生産し、その技術の高さが世界に認められ、日本は躍進しました。

そのほか、電化製品や精密機械などの分野で、世界に認められました。

現在は、世界中で電気自動車、水素自動車、自動運転車の開発競争が行われています。

ここで後れをとると、日本は自動車産業から一歩遅れてしまいます。

自動車だけでなく、IT、医療、エンターテインメントの分野でも、世界をリードする技術の開発が期待されています。

日本がどれほど世界をリードする技術を開発できるかが、これからの日本の経済を左右することになるでしょう。

「ポップカルチャー」は、日本の輸出の大きな力になる可能性がある

日本が世界に誇れるものに、工業技術のほかに文化があります。

文化といえば、少し前まで、能、歌舞伎、文楽などの古典芸能、美術、文学、盆栽などが重視されていましたが、近年、アニメやマンガ、音楽、ファッションなどの**「ポップカルチャー」も、世界中に多くのファンをもつ日本の誇る文化として注目**されています。

日本政府も2000年代に入ってからは、国家が主導して、**「クールジャパン」と名づけて日本の新しい文化を輸出していこう**としましたが、まだまだ不十分です。**もっと戦略的に日本文化を海外に輸出することにより、大きな産業として育てることができる**でしょう。

そうすれば、それが観光にも結びつきます。関連グッズを売って大きな輸出の機会にもできます。

日本人の考え方を理解してもらうことにもつながります。

日本の輸出の大きな力になる可能性をもっています。

日本と東アジアの国との間に残る歴史問題

日本と近隣諸国、とりわけ中国、台湾、韓国との間の経済活動は何よりも大事です。のちに説明しますが、**現在の日本の最大の貿易相手国は中国**です。

ところが、これらの**東アジアの国との間には歴史問題が残されています**。


1910年に日本は、大韓帝国を植民地にして支配しました。

その後、中国国内に日本の属国である満州国を建国し、中国に進出し、その延長として日本はアメリカとの戦争に突入しました。1945年、日本は敗戦を迎えました。

日本は敗戦後、それまでの体制を改めて再出発しました。

しかし、韓国や中国からすると、日本は自分たちの国に侵略し、多くの生命や財産を奪い、国土を破壊した国です。

韓国や中国は日本に対して、賠償を求めました。

ところが、日本が復興したころから冷戦がはじまり、朝鮮戦争が起こったため、日本の敗戦処理は十分になされませんでした。

もちろん、日本は戦争によって損害を与えた国々にはさまざまな形で補償や援助をしてきましたが、中国や韓国、北朝鮮にしてみれば、

「日本が戦後賠償を十分にしていない」

「戦争行為を十分に反省していない」

と考えられるのです。

そのため、日本の政治家の態度の中に、戦争を反省していない様子が見えたり、戦争で被害を受けた人に対する補償を日本が拒否するような態度が見えたときなど、韓国や中国の政府が抗議をしたり、国民が怒りを表明したりします。

また、そうした素地があるために、国境問題が起こると、韓国や中国の世論が燃え上がる傾向にあります。

２０１２年には国境問題がこじれて、中国国内の日本企業が激しい攻撃を受けたことが

ありました。
また、韓国との間では、慰安婦問題、徴用工問題をきっかけにしばしば、「日本製品不買運動」などが起こっています。

中国との交易の重要性

75〜77ページでも説明したとおり、近年、中国は目覚ましい躍進を成し遂げました。アメリカとともに中国が世界の経済と政治を動かしているといってもいいでしょう。

したがって、**これから中国とどのように付き合っていくかが日本という国家、そして日本の企業の大きな問題**になっています。

20世紀には、日本が中国にさまざまな技術を教える立場でしたが、現在では中国のほうが多くの面で先進的な立場にいます。

とくに電気自動車、IT技術の面では、現在のところ中国のほうがずっと日本よりも先を行っていると見られます。

これから先、日本が中国の高い技術を学び、中国から画期的な製品を輸入するといったことがたびたび起こってくるでしょう。

いずれにしても、技術面で協力し合って、高めていくことが求められます。

また、**13億の人口をもつ中国は、市場としても魅力的**です。

中国は経済力をつけてきましたので、日本の安全で高性能の製品を求める人も増えています。

中国に向けての商品開発、日本の文化の輸出もこれから盛んになっていくでしょう。

中国との間に抱える問題点は？

ただし、中国との間には多くの問題を抱えています。

まずは先ほど説明した**過去の戦争にかかわる問題**です。

ちょっとしたことをきっかけに日中が対立する要素が多くあります。

これから先、再び反日運動が燃え上がることも考えられます。

中国とともに活動する場合、その危険性を考慮しておく必要があります。

また、**中国は共産党による一党支配国家であり、日本などの自由主義の国家と考え方が違います**。

とくに違いの大きいのが、個人の自由や言論の自由についての考え方です。

自由主義社会では当然の、個人の自由が中国では制限されています。

中国では、国家の指導者たちの指示が絶対的です。そのため、自由主義国からすると抑圧としか見えないことがしばしば起こります。

そのときには、アメリカや日本などが中国に抗議することになり、それに中国が反発するといった事態になります。

このような危険も中国との関係にはつきものです。

そのような場合、日本はどのような態度をとるか、アメリカなどの自由主義国と同調するのか、それとも中国に歩み寄るのか。難しい選択が迫られることになるでしょう。

存在感を増す中国の経済力

現在、中国は世界の経済を引っ張っています。資本主義国が不況に陥りかけたときも、中国経済が順調であるために、なんとか世界経済全体が持ち直したということがありました。**13億人の人口をもち、大量の製品をつくって世界に売っている中国の力は大きい**といえるでしょう。

中国は資本主義国と異なって国家が経済をコントロールしていますので、資本主義国が不景気になっても、国家の力で食い止めようとします。

しかし、このことは、逆にいえば、**中国の経済が悪化すると、場合によっては世界全体の経済も不況に陥る可能性が高い**ということでもあります。

これまでは中国は順調に発展してきましたが、中国経済もさまざまな問題を抱えています。

中国の経済が破綻することも考えられないことではありません。

そのような危険性があることも考慮しておく必要があります。

企業の社会的責任とは？

企業（会社）はもちろん利益を出すことを目的としています。集団をつくり、経済活動を行って収入を得て、それを社員に分配することによって成り立っています。

しかし、利益を出せばいいというものではありません。**企業は社会のメンバーなので、社会的な責任があります**。

まず、**利益を出す手段が社会にとって好ましいものでなければいけません**。利益を出すのが目的といっても、反社会的なものや有害なもの、社会の利益にならないものを売ってもうけていては、社会的な責任を果たしたことになりません。

企業は基本的に、社会のために貢献できるものを提供して、その代償として金銭を受け取るのです。

そのほか、企業の社会的貢献としてあげられるのは、地域の活動への参加です。

地域の祭りやイベントのスポンサーになったり、それに社員が参加するように促したりして、地域の人たちから信頼される企業を目指します。

地域経済の活性化に、ほかの企業と協力して貢献するわけです。

企業が海外で事業展開している場合は、日本と現地との国際交流も重要になってきます。現地で日本文化を紹介したり、日本人スタッフに現地の料理を指導してもらったりして相互理解を深めます。

環境保全についての取り組みも重要です。

まずは、商品に有害物質が含まれないこと、また製造過程で有害物質を出さないことが大事です。

有害物質が含まれていたら、消費者や地域住民に大きな被害を出してしまいます。

また、なるべく二酸化炭素を出さないように工夫することも大事です。

できるだけ省エネに努め、廃棄物を減らし、リサイクルを重視する必要があります。

災害が起こったときなどには、工場や事務所を避難場所として開放したり、企業でつくっているものを被災者に提供したりするのも大事な地域への貢献です。たとえば、食料をつくっている企業が緊急の食べ物を被災者に配布したりします。

そのように、地域や環境に負担をかけず、できるだけの貢献をすることが企業に求められているといえるでしょう。

コンプライアンスってなに？

近年、**「コンプライアンス」**という言葉がしばしば使われます。

コンプライアンスとは**「法令順守」**という意味です。企業はしっかりと法律を守ることが求められています。

商取引はたくさんの法律に基づいて行われます。

少し前の時代まで、「ちょっとくらいならかまわない」という意識で法律違反をしても見逃されることがあったのですが、現在では厳密に守ることが求められています。

厳密に法律に基づいて活動し、それぞれの活動について記録を残すのが現在の企業のあり方なのです。

ハラスメント（セクハラ、パワハラ）の問題点

企業でしばしば問題が起こるのがハラスメントです。

とくに問題になるのが**「セクシャルハラスメント」**（**「セクハラ」**）と**「パワーハラスメント」**（**「パワハラ」**）です。

セクハラとは、**性的なことに関して、他者を不快な気持ちにさせること**をいいます。

パワハラとは、**権力をもった人間が、もっていない人間をいじめること**をいいます。

いずれも、現在の社会では厳しく禁じられ、犯罪として扱われています。

ただ、**セクハラ、パワハラともに、どこからが犯罪なのか、どこまでが許されるのかがあいまい**です。

しかも、それをする人とされる人の関係によっても、そのときの状況によっても、受け取り方は変化します。**一概に決めることが難しい**のです。

そのうえ、20年ほど前までは、男性が女性に向かって性的な冗談を言うことは日常的に行われていました。上司が部下を怒鳴ることもごくふつうのことでした。

そのため、いまでも高齢の人にはセクハラ・パワハラの悪質性を十分に理解できていない人もいます。

それどころか、女性をほめているつもりでセクハラめいた言葉を口にしたり、部下を励ますつもりでパワハラめいたことを言ったりしている人も多いのです。

これらの**ハラスメントが社会にとって有害であるという理解を広め、そのようなことのない企業をつくっていく**ことが大事です。

日本ではなかなか進まない男女共同参画

日本では、まだ相変わらず、「女性は家にいて育児や家事をするべきだ。男性が外で仕事をするべきだ」という意識が強いようです。

そのため、女性が社会に出て仕事をしても、男性の補佐をするばかりで、しっかりした仕事を与えられなかったり、そもそも採用されなかったりします。

男女が差別なく仕事に参加し、同じように活躍できるようにするために、**男女共同参画**

社会基本法が制定されています。

しかし、制定されてから20年以上たっても、まだ日本では十分にその理念が実現されているとはいえません。

まだ社会で活躍する女性は男性ほど多くなく、社会的な高い地位にいる人が女性を蔑視したような発言をして問題になったりします。

会社の幹部は男性ばかり、というのでは、男女共同参画になっているとはいえません。

女性の能力もきちんと評価していくようにする必要があります。

ジェンダー・フリーってなに？

「女性は社会で仕事をするのに向いていない」という人がいます。

しかし、いうまでもないことですが、社会で活躍している女性は大勢います。

もし、女性が社会で活躍しにくいとすれば、それは**女性が社会で活躍できないような仕組みになっているから**と考えることもできます。

「男はこうあるべき」「女はこうあるべき」というような**社会的な性役割**があります。

「男だからしっかり稼いで、一家を支えなくては恥ずかしい」

「女性なんだから、しとやかにしなさい」

なども、かつてはよく言われたものです。

このような社会的な性役割を、英語で**「ジェンダー」**といいます。

そうした**社会的な性役割が女性ばかりでなく、男性も苦しめている**といえるでしょう。

女性の中にも外で働きたい人はたくさんいます。男性の中にも家事をすることを好む人がいます。

近年、**「ジェンダー・フリー」**という言葉がしばしば使われます。

「性役割をなくす」という意味で使われます。

「男性だから」「女性だから」という性役割ではなく、個人個人が何を望み、どのような能力をもっているかを重視して、生き方を選ぶことのできる社会がジェンダー・フリーの社会です。

しかし、まだまだ国会議員や企業の幹部などの責任ある役職につく女性は少なく、**とりわけ日本は男性中心社会が続いていることが問題**になっています。

クオータ制とは?

もっと社会で活躍する女性を増やすために考えられているのが「クオータ制」という制度です。

クオータ制というのは、**少数者を尊重するために、何かを選抜する場合、人口の割合に合わせて決めようという制度**です。

つまり、ある大学の入学者を決めるとき、キリスト教徒の人口がその国の20パーセントであれば、大学入学者の20パーセントをキリスト教徒から選ぼうとするわけです。

そのような制度を女性にも当てはめようという考えが近年、増えてきています。たとえば、「会社の幹部も全体の40パーセントは女性でなければならない」というような法律を決めるわけです。

このようにすれば、**男女共同参画が、いまよりも進む**と考えられます。

ひきこもり問題　8050問題

ひきこもりが問題になっています。

ひきこもりとは、**何らかの理由で学校や職場に行かなくなって、自宅にひきこもってしまう人**のことをいいます。

いったんひきこもると、なかなか外に出られなくなり、数十年にわたって家に閉じこもる人がいます。

そのような人は多くの場合、親が世話をしていますが、そのために現在、「**8050問題**」といわれる問題が浮上しています。

ひきこもりをしている人が50歳になり、親が80歳になることをいいます。

親が80歳を超えると、自分たち自身の生活を支えられなくなり、死亡したり、介護を受けたりします。

経済的にも、体力的にも、子どもの世話ができなくなるのです。

50歳を超える子どもは親に世話をしてもらえなくなって生活が成り立たなくなります。

ひきこもりは、当人にとって苦しいことですし、社会にとっても好ましいことではありません。

ひきこもりを出さないために、いじめをなくすなどの試みが必要です。

ひきこもった人が社会復帰できるようにすることも大事です。

ひきこもり問題や「８０５０問題」をなくすために、さまざまな取り組みがなされていますが、まだ十分とはいえません。

これからも、もっと本格的な取り組みが必要です。

小論文問題③

地域貢献という言葉は、広い意味を持っていると思います。以下の2点についてあなたの考えを600字以内で述べなさい。
地域貢献とは何か（具体例をあげて述べても結構です）
特に大学および大学の学生の地域貢献活動についてあなたが考えること

令和2年度　石巻専修大学経営学部　AO入試B日程　問題

【解説】

近年、**企業の地域貢献**がいわれています。
それについては138ページの「企業の社会的責任とは?」の項目でも説明したとおり、地域の祭りやイベントのスポンサーになることや、それに社員が参加することがあげられます。

また、地域が災害に見舞われたときなどは、困った人のニーズにしたがって物品や場所を提供したりします。

そのように、**企業や組織は地域の人と共存し、地域に役立つことが期待されています。**

この課題では、まずは一般的に「地域貢献」とは何かを説明したあとに、後半に、一般企業ではなく、大学という組織がどのような地域貢献ができるかを考えることが求められています。

大学は知識のある教授などが学生に学問を教える場所です。

ですから、その**大学が地域の人にできる貢献で最も基本的なのは、地域の人向けの講座を開くこと**でしょう。

無料、またはできるだけ低料金で質の高い講座を受けられるようにします。

教授陣は大学がもっている資産ですから、その資産を地域の人にも提供するわけです。

そのほか、**図書館などの施設の利用を市民に開放する**こともできます。無料では難しいにしても、できるだけ低料金で講演会、講習会などのイベントの場所や機材を提供します。

これも大事な地域貢献です。

地域のボランティア団体に学生がかかわることもできます。

地域にはごみを減らしたり、犯罪を減らしたりするなど、地域をよくするためのボランティア団体がたくさんあります。

そのような活動をしているのは、地域の高齢者が多いのですが、学生や大学の教員がそれに参加して、ともに活動します。

また近年、行われているのは**大学が地域の産業の開発に参加すること**です。

近畿大学がマグロの養殖に成功し、「近大マグロ」というブランドのマグロを売り出したのは有名です。

経済学部や経営学部の教員や学生が地域の問題点を整理し、地域の産業をつくり出してシャッター街の解消を研究しているところも多いようです。

留学生の多い大学もたくさんあります。

そのような大学では、**留学生と地域の人の交流会を開いて、海外の料理や文化を紹介したり、子どもとの交流をすることもできます**。

それは国際交流の役にも立つでしょう。

それらに加えて、近年、取り組まれているのが、**大学が地方から入学した学生のシェアハウスを高齢者の多い住宅地につくって、高齢者と若者の交流を深める活動**です。

都市部ではあちこちに空き家ができているので、それらを学生寮として大学が借り受け、学生に提供します。

学生は周辺の高齢者と交流し、地域の役に立ち、地域のイベントに参加するのです。

そのような形の地域貢献もなされています。

以上のようなことを整理して、小論文としてまとめます。

この問題では、

「地域貢献とは何か（具体例をあげて述べても結構です）」

「特に大学および大学の学生の地域貢献活動についてあなたが考えること」

という2つのことを書くように求められているので、**「A型」にして、第一部に地域貢献の意味、第二部に大学の地域貢献について書けばいい**でしょう。

【解答例】

地域貢献とは、企業などの組織が地域の祭りやイベントのスポンサーになったり参加したりして、地域の役に立つ活動をすることをいう。また、地域が災害にあったときには、避難場所や必要な人材、物資を提供したりする。現在、企業や組織は、地域の人と共存し、地域に役立つことが求められている。

大学における地域貢献として、私が行うべきだと考えるのは、第一に地域の人向けの講座である。大学には知識をもった教授陣がいて、図書館などの施設がある。学生だけでなく地域の人に、そのような大学の人材と場所を一定の料金で利用してもらう。そうすることによって、地域が文化的な環境になり、地域の人が楽しむことにつながるのである。第二に、地域のボランティア団体に学生がかかわって、地域住民とともに活動することである。地域にはごみを減らしたり、犯罪を減らしたりするなど、地域をよくするためのボランティア団体がある。大学の教員は専門的な立場でその解決策を考え、学生が教員とともに調査し、活動するのである。それをカリキュラムの一環として行うことによって大学は日常的に地域活動ができ、地域の人と学生の交流になる。それによって、地域の問題点を解決に導くこともできる可能性がある。それが地域活性化につながることも考えられるのである。

環境問題

環境問題もまた、小論文の頻出課題です。

地球が現在、どのような状況にあるのか、改善するためには何が必要なのか、知識をまとめておく必要があります。

最も問題になっている地球温暖化

地球の環境が危険にさらされています。

いつまでも人類が、そして生物が地球で生きていくには、**持続可能な社会**をつくっていくことが大切です。

私たちの世代で、地球を生物の住めない惑星にすることは許されません。

環境破壊のうち、現在、最も問題になっているのは地球温暖化です。

エネルギーを使うために物を燃やすので、二酸化炭素が出ます。

発電する場合も、石油や石炭などの化石燃料を使うと、二酸化炭素が出ます。

そのほか、人間の活動によって、メタンやフロンガスなども排出されます。そうすると、温室効果のために地球の温度が上がってしまうことが確かめられています。

地球の気温が上がると、南極や北極の氷が解けて、地球上の平野の多くが海に飲み込まれてしまう恐れがあるといわれています。そうなると、都市は水に浸かって、農作物の多くができなくなります。

また、平均気温が数度上がると、農業のあり方が大きく変化します。

いままで収穫できていたものができなくなってしまうことも、すでに現実に起こっています。

温暖化が原因で、大水害などの可能性も高まるといわれています。

近年、日本でもこれまで経験したことのない大型で強い台風がたくさんやってきていますが、その原因になっているのが温暖化だといわれています。

地球温暖化対策として注目される自然エネルギー

そのため、二酸化炭素を出さない社会に向けて、世界は動きはじめています。

自動車の排気ガスを近年中にゼロにする計画もあります。

日本では、2020年に菅首相が**「2050年までに温室効果ガスを全体としてゼロにする」**という目標を表明しました。

ところが、現在まで、日本は排気ガスを減らすことについては先進国の中では後れをとっています。

2011年に東日本大震災のために原子力発電所の事故が起こって以来、日本では原子力発電所の開発が見直され、再び火力による発電を増やしてきました。

そのために、むしろ以前よりも発電による排気ガスが多く出されるようになってしまっているのです。

そこで、注目されているのが、**クリーンで枯渇しない、太陽光発電や風力などの自然エ**

ネルギーです。

ただ、太陽光発電や風力発電などは、クリーンではありますが、効率が悪く、常に安定して電力をつくることができませんので、まだ電力の中心になるまでにはいたっていません。

これからできるだけ早く自然エネルギーが中心になることが望まれています。

ごみ問題――「マイクロプラスチック」で海が汚染されている

昔は、人類はほとんどごみを出しませんでした。食べ物を無駄なく食べ、道具を無駄なく使いました。使えないものは燃やしたり地面に埋めたりしました。

しかし、人口が増え、都市化され、商品が大量に出回るようになると、プラスチックや金属のような燃えないごみも大量に出るようになりました。

自然のものの多くは、だんだんと腐ったり溶けたりして自然に戻ります。金属に関しても徐々にリサイクルが進んできました。

ところが、プラスチックはそうなりません。

燃やすと、有害物質を出します。燃やせないものは野原に放置されたり、川や海に流れたりしてしまいます。


いま、**海に流れ込んで小さく砕けたプラスチックが深刻な問題**になっています。

そのような**「マイクロプラスチック」で海が汚染され、魚介類の体内に入ったものを人間が食べている**といわれています。

マイクロプラスチック汚染を解決し、そもそもプラスチックごみを出さないようにするための制度づくりが必要です。

ごみを減らすための「3R」とは?

ごみを減らすために、**「3R」を行うべきだ**とされています。

①Reduce（リデュース）

ごみになる製品をできるだけつくらないようにして、ごみを減らすようにすることです。

プラスチック製のストローの使用をやめたり、レジ袋を有料にしたり、マイバッグを持ち歩くことなどがこれにあたります。

②Reuse（リユース）

一度使用したものを何度も使うことです。

空き瓶などを捨てずに回収して、何度も使用できるようにします。

③Recycle（リサイクル）

ごみ廃棄物を、原材料やエネルギー資源として有効活用することです。

プラスチックや瓶などの分別回収も、このための行為です。

これらの**「3R」を徹底すると、かなりごみを減らすことができる**でしょう。

これから、これらを企業や個人が実行していくことが求められます。

「人口爆発」「水資源」「食糧危機」はつながっている

世界の自然環境を考えるとき、人口爆発について考える必要があります。

日本など、先進国の人口は減少傾向にありますが、途上国では人口が増えています。

途上国ではこれまで、多くの子どもたちが幼くして亡くなり、大人も早く命をなくすことが多かったのですが、医療が発達し、先進国からの援助などが行われるようになって、多くの命が助かるようになりました。

また、途上国では子どもが労働力になるために、次々と子どもを産む傾向があるといわれます。

避妊のための経済的な余裕がないことも、人口が増えるひとつの要因として考えられています。

人口が増えると、食糧の増産が必要になります。

そのために森林が畑に変えられます。緑が少なくなります。

燃料が必要になって木を伐りますし、電力も消費します。雨の少ない地域では地下水をくみ上げて食物を栽培します。

こうしたことが環境破壊に結びつきます。


人口爆発を防ぐには、途上国に教育を広めることが大事だといわれています。

「教育が大事だ」と大人が認識するようになると、子どもの人数を減らして、教育にお金をかけようとします。

そうすると、子どもたちは教育を受けて高度な仕事をするようになり、社会全体が豊かになっていきます。

そして、人口爆発が止まります。

そのため、**先進国は、人口爆発の起こっている地域に教育援助をすることを重視**しています。

SDGsってなに？

2015年に国連サミットで採択されたものですが、国連加盟193か国が2016年から2030年の15年間で達成するべく、**持続可能な社会を実現するための17の目標**を設定しました。

それが**「SDGs」**と呼ばれるものです。

SDGsは**「エス・ディー・ジーズ」**と発音され、「Sustainable Development Goals」の略称で、**「持続可能な開発目標」**のことです。

17の目標とは、以下のようなものです。

①貧困の撲滅
②飢餓撲滅、食料安全保障
③健康・福祉
④万人への質の高い教育、生涯学習
⑤ジェンダー平等

⑥水・衛生の利用可能性
⑦エネルギーへのアクセス
⑧包摂的で持続可能な経済成長、雇用
⑨強靭なインフラ、工業化・イノベーション
⑩国内と国家間の不平等の是正
⑪持続可能な都市
⑫持続可能な消費と生産
⑬気候変動への対処
⑭海洋と海洋資源の保全・持続可能な利用
⑮陸域生態系、森林管理、砂漠化への対処、生物多様性
⑯平和で包摂的な社会の促進
⑰実施手段の強化と持続可能な開発のためのグローバル・パートナーシップの活性化

これらの目標のうち、直接的に環境問題にかかわるのは、⑥、⑦、⑪、⑫、⑬、⑭、⑮などでしょう。

しかし、ほかの項目、たとえば、「①貧困の撲滅」も大いに持続的な開発のために必要なのです。

貧困が自然破壊の一因になっています。貧しいから子どもをたくさんつくって労働させようとします。**貧しさをなくしてこそ、環境も考えることができます**。

この17の目標は、総合的に社会全体を持続的なものにしていくことを目指しています。現在、求められているのは、これらの目標をどのように実現していくことができるかです。

小論文問題④

プラスチックごみが問題になっています。現在の状況を説明したうえで、これから先、これらのごみを増やさないためにはどのような方法があるのかについて、あなたの意見を600字以内で論じなさい。

【解説】

ごみは、現代社会の抱える大きな問題です。

その中でも、**とくに近年問題が大きくなっているのが、プラスチックごみ**です。

プラスチックごみとは、ペットボトルなどの容器やレジ袋のようなプラスチックでつくられた製品のごみのことをいいます。世界中で使用され、年間800万トンが、ごみになって海に流れ込んでいるといわれています。

プラスチックは分解されないので、そのまま残ってしまいます。ごみを餌と間違えて食べてしまった魚や鳥たちが苦しんだり、死んだりしています。

現在とくに問題になっているのが、プラスチックごみが川や海に入ってこすれるうちに小さく砕けた**「マイクロプラスチック」**です。

これらのごみが海を汚しています。

しかも、それらが魚の体内に入って、それを人間が食べているのです。有害物質が含まれていることも心配されています。

では、これらを減らすにはどうするべきでしょう。

本文でも説明したとおり、一般的に、ごみを減らすために、「3R」の実施が推奨されていますが、プラスチックごみに関しては、とくに次の2つの方法が考えられるでしょう。

①Reduce（リデュース）

プラスチック製のストローの使用をやめたり、自分の箸を持ち歩いたり、レジ袋を使用しないでマイバッグを持ち歩いたりします。

②Recycle（リサイクル）

プラスチックや瓶などの分別回収も、この一環です。

プラスチックごみのひとつであるペットボトルでは、リサイクルが広まっています。

プラスチックごみを減らすためには、まず「①リデュース」が重要でしょう。

そもそもレジ袋の有料化などを推し進めて、プラスチック製品を減らします。そうすることによって、海に流れ込むプラスチックごみを減らすことができます。

また、「②リサイクル」も大事です。

ペットボトルなどをリサイクルして、新たにペットボトルをつくったり、別の製品をつくったりします。

「現在の状況を説明したうえで、これから先、これらのごみを増やさないためにはどのような方法があるのかについて」書くことが求められています。

今回は、「A型」を用いて、第一部には現在の状況を書き、第二部にごみを増やさないための方法を書くと、すっきりまとまるでしょう。

【解答例】

プラスチックごみとはペットボトルなどの容器やレジ袋のようなプラスチックでつくられた製品のごみのことである。プラスチックは分解されないので、そのまま残って地球を汚染している。ごみを餌と間違えて食べてしまった魚や鳥たちが苦しんだり、死んだりしている。また、現在とくに問題になっているのが、小さく砕けたマイクロプラスチックと呼ばれるものである。これらのごみが魚の体内に入っているといわれる。

プラスチックごみを増やさないためには、まずは、プラスチック製品を減らすことである。現在、プラスチック製のストローの使用をやめる飲食店が出てきているが、それをより徹底し、紙などを使ったストローに改めるべきである。また、レジ袋の有料化も徹底して、多くの人にマイバッグをもってもらうようにする。そうすることによって、プラスチック製品を減らせれば、ごみも減ることになる。第二に、リサイクルも徹底するべきである。プラスチックごみのひとつであるペットボトルは、リサイクルを徹底する。すなわち、必ず回収して再びペットボトルにするか、別の製品に生まれ変わらせるのである。このような対策によって、プラスチックごみを減らすことができるのである。

家庭生活にかかわる問題

家庭にかかわる問題も、また小論文の頻出問題です。
食べ物、家庭のあり方、教育のあり方などが問われます。
これらについても、しっかりと頭に入れておく必要があります。

食品ロスを減らすには？

しばらく前から「**食品ロス**」が問題になっています。
食品ロスとは、いうまでもなく、**捨ててしまう食品**のことです。

①農場や食品工場でのつくりすぎや規格外品
②スーパーやコンビニなどの小売店、レストランなどの飲食店での売れ残りや食べ残し
③一般家庭での賞味期限切れ

などによって起こります。

捨てる人がたくさんいる一方で、食料がなくて苦しんでいる人がたくさんいます。日本などの先進国にも、貧しい家庭がたくさんあって、食べるものに困っている子どもがいます。

途上国では、現地でつくった農業製品が先進国に輸出されて、現地の人々が飢えに苦しんでいます。

そのようなことを避けるためにも、多くのエネルギーを使って食料をつくりながら、それを捨ててしまうようなことを減らす必要があります。

①については、農場や食品工場などで規格にこだわらないで、規格外であっても消費するようなシステムをつくる必要もあります。

②については、無駄が出ないように客が予約した分だけ材料を仕入れてつくるような工夫が必要でしょう。

③については、計画的に買い物をしたり、料理をつくったりすることが大事です。

そのほか、賞味期限の迫ったものを安く売るシステムをつくったり、貧しくて食事を満足にとれない子どもたちに食事を与える「子ども食堂」に賞味期限間近のものを無償に近い金額で譲ったりする方法もあります。フードバンクに無償で譲る方法もあります。

コロナで貧困家庭の問題がより深刻に

グローバル化して格差が拡大していくにつれて、**貧困家庭の問題**が大きくなってきました。年収２００万円以下の人は全就業者のうちの28パーセントほどといわれています。

貧困家庭で最も多いといわれているのが、親がひとりで子どもを抱えて生活している人たちです。

結婚するなどして二人で働いて家庭を支えるのであれば、なんとかなりますが、ひとりの収入では生活が大変です。その人たちのほとんどが非正規雇用でパートや派遣の仕事をしています。

そのような家庭は十分な食費もなく、子どもたちは食事も満足にとれないこともあるようです。

高齢者家庭も、貧困で困っている人たちが少なくありません。

65歳になると年金をもらうことができますが、現役時代に恵まれた生活をしていた人を除いて、一般の国民年金だけでは額が少なく、十分な生活ができません。

これから戦後のベビーブームのころに生まれたいわゆる「団塊の世代」と呼ばれる人たちが75歳以上の後期高齢者になっていきますので、医療費などにより貧困で困る人がさらに増える恐れもあります。

貧困家庭の増加をいっそう深刻にしたのが、2020年からの新型コロナウイルスの感染拡大です。

緊急事態宣言が出され、多くの企業が休業や時短営業をせざるを得なくなりました。

そのようなとき、正規労働者は身分を守られることが多かったのですが、非正規労働者は解雇されたり、契約を打ち切られたりして、生活のすべを失いました。

現在、ボランティアの人が集まって、各地で**「子ども食堂」**と呼ばれる活動が行われています。

前述したように、「子ども食堂」とは、満足に食事ができない子どもが、無料や安い値段で食べられるようにしたものです。地域の人々が食べ物を持ち寄り、期限切れ間近のものを無料で提供したり、ボランティアで料理をしたりしています。

しかし、このような活動だけでは不十分です。

現在、貧しい家庭に対する対応が求められています。

親の経済格差が、子どもの教育格差につながる

親が高学歴の家庭で育った子どもは、家庭も金銭的な余裕があることが多いといえるでしょう。

そのため、子どもの教育にお金を使うことができ、塾に通わせたり、機器をそろえたりできます。

その結果、子どもも高い学歴をつけることが多くなります。

逆に、親に学歴がないと、どうしても子どもも同じように学歴が低くなる傾向があります。

このように、**教育によって経済格差が生まれ、それが代々、子どもにまで引き継がれていく傾向があります**。

それを改善するには、**環境に恵まれない子どもでも意欲があれば勉強を続けることができ、高い教育を受けることができるようにする**必要があります。

奨学金を整備したり、ボランティアや低料金によって勉強を教える制度などが必要でしょう。

そのような取り組みによって、**家庭環境が恵まれなくても、十分に勉強ができるような環境にする**ことができます。

「夫婦別姓」と「選択的夫婦別姓制度」

女性が社会で活躍するようになって、**「夫婦別姓」**が話題になってきました。

現在の法律では、男女が結婚すると夫婦は同じ姓を名乗らなくてはいけないことになっています。

法律上は、男性の姓でも女性の姓でもいいのですが、ほとんどの妻が夫の姓を名乗っています。

その背景には、男性は社会で働くのに対して、女性は家事や育児をして家で仕事をし、たとえ社会に出ても男性の補佐をするという社会がありました。

しかし、現在では多くの女性が社会で活躍しています。これからもますます活躍が期待されます。

名前はその人の大事なアイデンティティですし、仕事をしていく際に、キャリアの途中で姓が変わるのには不便もたくさんあります。

そこで、結婚しても姓を変えないで、旧姓のままでよいという夫婦別姓の考え方が強まってきました。

現在、会社などでは旧姓のまま働き、戸籍上は結婚して改姓をしているという人が多くいますが、それもまた手続きなどで不便です。

そこで、**法律を改正して、別姓を認め、個人の意志によって同姓か別姓かを選べるようにしよう**という案が出ています。

これを「**選択的夫婦別姓制度**」といいます。

韓国や中国は男女別姓です。すべての民族が同姓を名乗っているわけではありません。別姓でも何ら問題なく家庭を築いています。

いまは女性が姓を変えることが多いので、それを法律により改めれば、いっそう個人の自由の領域は広まりますし、女性差別が減るともいえるでしょう。


ただ、これには根強い反対があります。

「夫婦で姓が違うと子どもの姓も両親と同じではないということだ。そうすると、家族のきずなが弱まってしまう。結婚というのは、一心同体になることだから、同じ姓を名乗るべきだ」という考え方です。

これからしばらく議論が続くでしょう。

小論文問題⑤

「食品ロス削減推進法」について述べた以下の文章を読み、食品ロスを削減するために、消費者はどのように対処していったら良いか、あなたの考えを述べなさい。解答は四〇〇字以上六〇〇字以内でまとめること。（句読点も字数に含める）

中京大学・経済学部・経済学科（一芸一能（特Ⅰ）・専門高校特別（特Ⅲ）推薦）2020

食べ物を無駄にする社会を変えていくきっかけにしなければならない。売れ残りや期限切れ、食べ残しなどでまだ食べられるのに廃棄する「食品ロス」の削減を目指し、食品ロス削減推進法が成立した。

生産から消費までの各段階で食品ロス減少へ取り組む努力を「国民運動」と位置づけ、事業者のほか消費者にも自主的な削減努力を求めているのが特色だ。

食べられるのに廃棄された食品は二〇一六年度で六四三万トン。国民全員が毎日、茶わん一杯分のごはんを捨てた計算になる。

最も多いのは四割超を占める家庭での廃棄だ。その二割ほどは手つかずの食品の廃棄で、賞味期限を過ぎても食べられるものが実際は多いのに、表示だけを見て捨てる人が少なくない。

賞味期間の三分の一を過ぎれば小売店に納品できないなど、大量廃棄の一因になってきた「三分の一ルール」と呼ばれる商慣行も、消費者の鮮度への強いこだわりが背景になってきた面がある。

外食産業での大量廃棄の主な要因も食べ残しであり、消費者の意識改革が何より大事だろう。

廃棄を減らすために、飲食店が客の食べ残しを持ち帰れるようにしたり、コンビニが賞味期限の迫った食品を実質的に安くして販売したりしても、消費者が協力しなければ削減は進まない。

食べきりや持ち帰りの慣習を広げ、社会全体で削減への機運を高めていくことが必要だ。

事業者などから未利用食品を引き取り、貧困家庭などに無償提供している

「フードバンク」活動に対し、国や自治体の支援を促している点にも注目したい。

運営する市民団体の多くはボランティアや寄付金が頼りで活動資金が十分でない。食品の有効活用策としてしっかり支えてもらいたい。

二〇一五年に国連で採択された持続可能な開発目標（ＳＤＧｓ）は一人当たりの食品廃棄量を世界全体で二〇三〇年までに半減するとした。

日本では中央環境審議会が、事業者の食品ロスを二〇三〇年度までに二〇〇〇年度比で半減させる基本方針を五月にまとめた。同様の目標は家庭についても設けられている。

削減法はそれらの実現に向けた重要な一歩になる。官民一体で実効性のある取り組みを進めたい。


（『京都新聞』電子版二〇一九年六月七日一三時三九分より。設問の都合上、本文の一部を改めた。）

【解説】

課題文は、食品ロス削減推進法が成立したことを説明し、食品ロスをなくす方法について説明した新聞記事です。

内容をまとめると、以下のようになります。

「食品ロス削減推進法が成立したが、この法律を、食べ物を無駄にする社会を変えていくきっかけにするべきだ。現在、家庭での廃棄が四割を占めている。賞味期限が切れているという理由で、まだ食べられるのに捨てられているので、消費者の意識改革が必要だ。外食産業での食べ残しについては、持ち帰れるようにするべきだ。事業者が未利用食品を貧困家庭に配るフードバンクの活動を国や自治体が支援するべきだ。2030年までに食品廃棄を半減する。官民での実効性のある取り組みを進めたい」

つまり、**家庭、外食産業、事業所の各部分で、それぞれ食品ロスを減らす方法について説明**しています。

この文章を読んで、「消費者はどのように対処していったらいいのか」が問われています。

「消費者」としての対処が問われているのですから、まず考えるべきなのは、家庭での食品ロスを減らす方法です。

次のような方法が考えられるでしょう。

・食べ切れないものを買わないようにして、捨てずに済むような調理方法、保存方法などを考える

・ネットワークをつくり、期限が近づくものを融通し合う。アプリなどで地域のグループをつくって、期限切れの近づいた商品で食べ切れなくなったら、それを安く（あるいは無料で）交換する

・「子ども食堂」（171ページ参照）を増やして、賞味期限が近くなった食品をすぐに食べてもらう

・賞味期限と消費期限を混同しないで、食べられるものは食べるようにする。賞味期限というのは、「これを過ぎたらおいしく食べられなくなる」期日のことだ。消費期限（「これを過ぎたら、食べないほうがよい」）とは異なって、食べても害になる

わけではないので、期限が切れても十分に活用できる家庭内で食品ロスを避けることのほか、レストランや小売店での対応も考える必要があります。

・レストランなどで無駄な食べ物を注文しないで、食べられるだけ注文するように心がける

・消費者も規格外の食品を嫌がらないで、形が悪くても、使うようにする。それが広まると、企業が規格外品を捨てることが少なくなる

これらの中から書きやすいものを選んで書くといいでしょう。

「A型」を用いて、第一段落で、「以下のような方法で食品ロスを減らすべきだ」と示して、次の段落でそのための方法をいくつか説明する形をとると書きやすいはずです。

なお、食品ロスを減らすための方法を2つか3つに分けて書くときには、そのたびに段落分けをしましょう。
ただし、いくつもの方法を羅列するよりは、せいぜい3つくらいに絞ってきちんと説明するほうが、説得力が増します。

【解答例】

食品ロスを減らすために、消費者として以下のようにするべきだと考える。
第一に、家庭での食品ロスをなくすために、アプリなどで地域ネットワークをつくって融通し合う方法である。たとえば、冷凍食品などの賞味期限が近づき、ふと気づくと食べ切れなくなっていることがある。そのようなとき、アプリで呼びかけて近所の人に安く渡したり、交換し合ったりできるようにする。そして、時には、子ども食堂のようなものを活用して、食事に困っている人たちに食事を提供できるようにする。このような活動を各地に増やすことによって、家庭の食品ロスを大幅に減らすことができ、貧しい子どもたちを助けることができるのである。

第二に、消費者も規格外の食品を嫌がらないで、形が悪くても、使うようにすることが大事だと考える。現在、農場などで大きすぎるものや小さすぎるもの、形のよくないものが規格外品として捨てられている。味に変わりはないのに、見かけがよくないために捨てられているのである。また、食品工場などでも、見かけのよくないものができたりする。消費者が形の悪さを気にしなくなることによって、生産段階での食品ロスを大幅に減らすことができるのである。そうしたことによって、食品ロスを減らす努力をするべきである。

都市と地方

都市に人口が集中して、地方はさびれる……という状況がしばらく続いています。地方の再生をどうするか、地方の産業をどうするかが、日本社会の大きな課題になっています。

都市もまた、人口集中による問題を抱えています。

経済・経営系の小論文でも、しばしば出題されるテーマです。

都市の高齢化と孤独死

第二次世界大戦前の日本は、農林業中心の社会でした。

しかし、高度成長期に入って、人々は工場などの勤め先のある都市に住むようになり、人口がどんどんと都市に集中してきました。逆に農村部は人口が減っていきました。

現在では、地方は過疎化に悩み、都市に人口が集中していますが、これからは都市も人口減少という問題に突き当たります。

これからの都市で大きな問題になってくるのが、高齢化です。

人口の4分の1が65歳以上の高齢者になっています。

現在、すでに都市にある巨大な団地で高齢化が起こっています。

1960年代、70年代に団地がつくられ、そのころ家庭をもった人たちが入居しましたが、その人たちが高齢化し、人口の減った団地がいくつもあります。

そのような団地は古い設備なのでエレベーターもほとんどなく、高い階に住む高齢者は困っていますし、若い人たちも入居したがらないのです。

また、空き家が増えてきます。

そこに住んでいた人が高齢者施設に入居したり、亡くなったりしたまま、子どもがいなかったり、子どもがほかのところに住んでいたりして、空き家になってしまうのです。

このような状態が続くと、孤独死が問題になってきます。

孤独死とは、周囲の人に知られずに、ひとりで亡くなってしまうことをいいます。

一人暮らしの高齢者に、しばしばこのようなことが起こります。

地域社会を復活させるには？

このような事態を避けるためには、地域社会を復活させる必要が考えられています。

50年以上前まで、日本には地域社会があり、地域の人々同士で仲良くし、面倒を見合い、助け合うという風習がありました。

ところが、西洋の個人主義が入り、工業社会になったことから、地域の人と交流するよりも勤め先の人と交流するようになりました。

しかし、高齢社会になって勤めに出ないで家にとどまる人が増えると、再び地域社会が必要になってきます。

地域の人がもっとふだんから交流を行い、空き家があったら、そこを見回り、高齢者の一人暮らしの人にも目を配り、みんなで社会を盛り上げていくような仕組みが必要です。

買い物難民ってなに？

もうひとつ大きな問題として「買い物難民」と呼ばれる現象があります。

高齢者は歩くのに不自由を感じたり運転ができなくなったりで、買い物がしにくくなるのです。

都市部の中にも、近くにスーパーなどがなくて苦労している高齢者はいます。

現在、多くのスーパーやそのほかの業者が移動スーパーや宅配事業に参入しています。

またネット販売もさらにスピーディーになり、重い荷物を持ち帰れない人のためにスーパーで買ったものを自宅に届けてくれるサービスも増えています。

よりいっそう利便性を高めて、買い物難民が出ないような工夫が必要です。

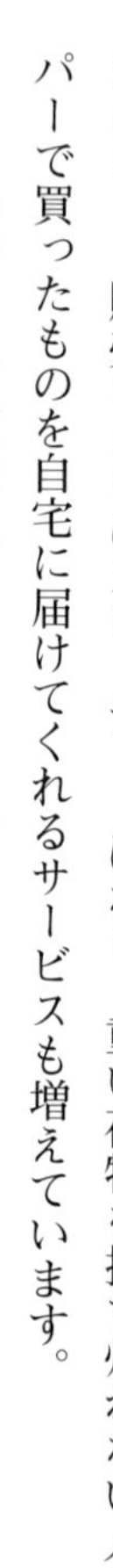

外国人との共生はどうなる？

現在すでに、各地に外国人のコミュニティがあります。

日本政府は外国人労働者の受け入れを拡大したので、これからもいっそう、そのようなコミュニティが増えてくるでしょう。

もちろん、同じ国の人が集まって助け合うのは当然のことですので、外国人のコミュニティができるのは悪いことではありません。

しかし、そこが日本人の入れない閉鎖的な地区になったり、コミュニティ同士が対立したりしては、安全で健康的な都市ではなくなってしまいます。

そのようなことにならないよう、外国人が閉鎖的になるのを避けるために、私たちは気をつける必要があります。

そのためには、**日本人自身が外国人を排除しない**ことです。ともに地域をつくり上げていく姿勢でいれば、外国人が孤立して、ほかのコミュニティと対立するようなことにはならないはずです。

「限界集落」「シャッター街」など、進む地方の衰退

都市よりも大きな問題を抱えているのが地方です。

とくに農村地帯は、農林業が衰退し、働き盛りの人の人口が減って、高齢者が目立つようになっています。**人口が減って成り立たなくなった「限界集落」と呼ばれる地域**もたくさん出ています。

また、地方都市も、**「シャッター街」と呼ばれる、閉店した店が立ち並ぶ商店街**があちこちにできています。

ネット販売が増えて地方のお店に買い物に行かなくなった人が増えているという理由もありますし、また大手のショッピングセンターが郊外に大型店を出したために、地方の駅前の商店街がシャッター街になっていることもあります。

ネット販売も郊外のショッピングセンターも、その地域の資本ではなく、海外資本であったり、大都市の資本だったりしますので、その地方の経済は潤わないことになります。

地方の経済が活性化することが必要です。

地域活性化の方法は？

地方を元気にするにはどうすればいいのか、多くの人が頭を悩ませています。

現在考えられているのは、以下のような方法です。

①農林業の活性

農林業のあとを継ぐ人が減ったために、農村や山村が活気をなくし、産業としても成り立ちにくくなっています。

ですから、**都会から多くの人に移住してもらって、農林業をもっと活発にする**案が考えられています。

もちろん、農林業にも未来があります。工夫次第で充実した生活ができます。多くの人がそのようにすれば、再び日本の農林業は活気づき、食料自給率も上がり、農村や山村は活性化するでしょう。

近年、新型コロナウイルスの影響もあって、テレワークが進みました。大都市に暮らさなくても、企業の仕事ができるようになっています。

農村で農業を行う傍ら、企業での仕事ができるようにもなっています。実際、大都市から、もっと住みやすい地方に引っ越す人も増えているようです。

外国人に来てもらって、農業を担ってもらうことも考えられています。

そうすると、日本の農業も復活し、海外の人々に農業のノウハウを指導することにもつながります。

外国人がそのまま日本に住んでくれるのもいいでしょうし、また母国に戻って自国に日本の農業を根付かせてもいいでしょう。

日本の農業を世界に広めることにもなります。

②観光

観光地にするのも地方活性の手段として考えられます。

アジア地域の経済力が高まってから、日本を訪れるアジア地域の旅行客が増えてきました。とくに中国、韓国、台湾からの観光客が急激に増えています。

2020年から世界に広まった新型コロナウイルスのために、しばらく観光客は激減しましたが、コロナが収束すれば、再び、多くの土地に観光客が訪れるようになるでしょう。外国人観光客も日本各地を訪れるはずです。

もちろん、どこにでも観光地があるわけではありません。しかし、多くの土地がそれなりの魅力をもっています。

それぞれの土地が自分たちの土地の魅力を見つけ、それを売り出して、多くの人に来てもらうようにします。また、魅力的なイベントをつくったり、テーマパークをつくったりして、土地の呼び物にすることができます。

もちろん、観光地化は自然破壊につながる面があり、失敗して、十分な観光客を呼べないと、負債を残すだけになってしまいます。

安易に考えるべきではありませんが、成功している例がたくさんあるのも事実です。

③そのほかの産業の誘致

そのほか、**産業を誘致するのも地域振興の手段**として考えられます。

水のきれいな地域であれば醸造業、晴れの多い地域であれば太陽光発電など、その地域の特性を生かした産業を広めることができます。

企業と地域がうまくマッチングすれば、経済効果を上げることができます。

小論文問題⑥

次の文章を読んで、以下の問いに答えなさい。

仕事で九州のある地方都市を訪れた。空港からのバスで市内のホテルに向かう途中、市役所と思しき場所を通った。そこに大きな文字で、その土地の歴史上の人物にまつわる施設を世界遺産に登録する運動を呼びかける垂れ幕が掛けられていた。

私の教養不足のせいかもしれないが、私はその歴史上の人物を知らない。そもそも、それがその土地の歴史上の人物だということも、バスの中であわててスマホで調べて、やっと知った。私はとくに物知りというわけではないが、まあ一般の社会人よりは多少は社会的な知識は持ち合わせているほうだろう。その私が知らない歴史上の人物では世界遺産に登録されるのは難しいのではないか。いや、そもそも登録を望むこと自体無謀なのではないか。

私が訪れた小都市のように、世界遺産登録を目指している地域が日本中にたくさんあるのだろう。世界遺産とは、過去から引き継ぎ、未来へと伝えていかなければならない人類共通の遺産をいう。1972年よりユネスコが厳しい審査のもとに指定している。世界遺産には文化遺産と自然遺産、複合遺産があり、これまでに世界で1000件を超した登録がなされている。日本国内にも2020年の時点で23の世界遺産がある。

世界遺産になると、知名度が高まり、観光客が増え、経済が潤うと地域の人々は考えるのだろう。だが、よく言われることだが、世界遺産になったからと言って観光客が増えるとは限らない。世界遺産に登録された直後は観光客でにぎわうが、日本最古の仏教寺院である法隆寺も、1993年の登録後、観光客の数は減少傾向だったことが知られている。富岡製糸場も石見銀山も一時のブームが去った後は観光客の集客に苦労していると聞く。

世界遺産登録のために予算や労力を使うよりも、もっと地道なことをするべきではないのか。そこで暮らす人が幸せに暮らせるようにする方法を考えるべきではないのか。無責任な訪問者としてはそう考えてしまうのだった。

問1　文章の内容を200字以内で要約しなさい。

問2　筆者の主張について、あなたはどう考えますか。意見を500字以内でまとめなさい。

【解説】

課題文の読み取りは難しくないので、簡単に読み取れるでしょう。

簡単にまとめると、

「九州の小都市を訪れて、その土地が世界遺産登録を目指していることを知った。日本中で地域のあまり有名ではない遺産が世界遺産に登録されることを求めて活動している。だが、世界遺産に登録されても観光客が増えるとは限らない。世界遺産の登録よりもほかの方法で、地域の人が幸せに暮らせるようにする方法を考えるべきだ」となります。

要するに、**多くの地域が世界遺産登録を目指すことに反対している**わけです。

問1では、この文章の要約が求められています。

要約をする場合、次の3つのことに気をつけましょう。

①課題文の筆者になりかわって書く

「筆者は……と書いている」などといちいち書く必要はありません。筆者になったつもりで要約を書きます。

②課題文を読んでいない人にもわかるように書く

要約だけ読んだ人でも、その文章を理解できるように書かなくてはいけません。

③読み取れたことを示すつもりで書く

要約問題というのは、課題文を理解できたかどうかを見るための問題でもあります。そのことを忘れてはいけません。

ですから、課題文のキーワードはそのまま使い、わかりにくいキーワードには説明を加え、キーワード以外の難しい表現は、もっとわかりやすい自分の言葉に直すなどして、きちんと理解したことを示します。

問2は、この課題文が「世界遺産への登録を目指すべきではない」という立場を示しているのですから、「世界遺産の登録を目指すのはよくないのか」を論じるとよいでしょう。

課題文に賛成する場合には、

「世界遺産を目指しても、実はお金がかかり、登録されたあとも制約が多いので、地域活性化につながるとは限らない。観光化を進めるよりは、地域の特産品を売り出したり、産業を起こしたりして、地道に地域活性化を進めるべきである」

「観光に力を入れるにしても、世界遺産に登録されることを目指すのでなく、少しでも多くの人に来てもらって、文化を理解し、楽しんでもらうように工夫することのほうが大事だ。世界遺産に登録されても、努力がないと客は集まらない」

などの論が可能です。

筆者の主張に反対して、「世界遺産の登録を目指すべきだ」という方向からは、

「世界遺産に登録されることによって世界に文化を知られるようになり、観光客も増える。地域活性化につながり、地域の人に自信を与えることができる。これから先の活性化にもなる」

などの論が可能です。

【解答例】

問1

九州のある地方都市で、その土地の歴史上の人物にまつわる施設を世界遺産に登録する運動がなされていた。世界遺産への登録を望むこと自体無謀だ。世界遺産になっても観光客が増えるとは限らない。登録直後は観光客でにぎわうが、ブームの後は観光客の集客に苦労しているところも多いと聞く。世界遺産登録に予算や労力を使うよりも、そこで暮らす人が幸せに暮らせるようにする地道な方法を考えるべきである。

問2

課題文は「世界遺産への登録を目指すべきではない」という立場を示しているが、世界遺産の登録を目指すのはよくないのだろうか。

確かに、世界遺産に登録されれば、その土地の文化は世界に知られるようになり、観光客も増える。地域活性化につながる可能性がある。現在の地方は経済的に疲弊し、産業を育てられずにいる。もし、世界遺産に登録する可能性のあるような遺産があるのなら、それを売り込みたくなるのだろう。しかし、世界遺産を安易に目指すべきではないと私も考える。

理由は二つある。第一に、課題文でも書かれているとおり、世界遺産に登録されても、その後、しっかりと客を集める努力をしなければ、観光客が増えるわけではない、知名度の低い遺産で観光客を集めるのは難しいことが予想される。第二に、観光化を進めるよりは、地域の特産品を売り出したり、産業を起こしたりして、地道に地域活性化を進めるべきである。多くの人にその土地の特産品を買ってもらうことができれば、それによって地域の産業が活性化するはずである。

地道な努力によってこそ、継続的に幸せな生活が可能になるのである。

情報化

現代では国民のほとんどがスマホやパソコンを使用しています。ほとんどの仕事が情報機器なしに成り立ちません。

情報化は現代社会の経済の中心的な役割を果たします。小論文入試にもしばしば出題されるテーマです。

日本はIT面で立ち遅れている

外国の多くの国では、都市のあちこちでＷｉ－Ｆｉにつながり、無料でインターネットを使うことができます。キャッシュレスになって、お店での支払いをスマホでやりとりするのがふつうになっている国も少なくありません。国民がスマホを自在に使い、国もそれを推奨しています。ところが、日本ではそのような面が立ち遅れています。

菅政権になってから、デジタル庁がつくられ、ＩＴ化が推し進められることになりましたが、新型コロナウイルスへの対応においても、**ＩＴ化の遅れのために、さまざまなことに即座に対応できずにいます**。

ＰＣＲ検査の結果もすぐに集計できず、オフィスをリモート化しようにも、機器の不備や印鑑を押す必要があって、それができず、全国民に給付金を配布するにも状況を把握できなかったりしました。

オンライン化することによって、もっと効率的に国民サービスが進められるように改める必要があります。

インターネットの登場で、商売の可能性が広がった

インターネットの登場によって、客を世界に広げられるようになりました。

そのために、**小さな商売も成り立つ**ようになっています。

たとえば、1万人のうちの1人がひと月に一度ほしいと思うような商品も、実際の対面での売買ですと、ふつうの都市では成り立ちません。人口100万人の都市でも月に100人しか客が来ないからです。

しかし、世界の数億人を対象にすれば、それで商売は成り立ちます。

こうして、**インターネット販売が盛んになると、小さな商売も成り立つようになり、さまざまな業種が可能**になります。

また、お店を構えなくていいので、そのためのお金もかかりません。消費者からする

と、インターネットで何でも注文できるようになります。

しかし、これには危険が付きまといます。

犯罪にかかわる仕事もインターネットでやりとりされるかもしれません。

ドラッグや武器などの危険な商品も出回ることになる恐れがあります。

しかも、海外との取引が行われると、国内の法律で裁くのが難しくなります。

仮想現実（ヴァーチャル・リアリティ）ってなに？

「仮想現実」（ヴァーチャル・リアリティ）とは、**ゲームのディスプレイ面のように、まるで現実のような画面と体感を連動して、実際に起こっているかのように感じさせるコンピュータ技術**です。

現在、ゲームのほか、さまざまな場所で実用化が進んでいます。

この技術のおかげで、さまざまなシミュレーションによる実験が行えます。

飛行機の操縦や車の運転の訓練や練習もできます。

これから、さまざまな分野で、「仮想現実」の活用が期待されています。

偽情報を判別するのは難しい

インターネットでは、しばしば嘘の情報が駆け巡ります。

難しいのは、それが**嘘か本当か区別するのが難しい**ことです。

政治的な報道についても、反対派が都合の悪い嘘の情報を流したり、賛成派が都合のいい嘘の情報を流したりします。

それが広まると、何が本当で何が嘘なのかわからなくなってしまいます。

そうすると、何を信じてよいのかわからず、すべてが混乱してしまいます。

すでにそんな社会になっています。

これまではマスコミが正しい情報を伝えていましたが、嘘の情報が広まると、マスコミの報道も信じられなくなってしまいます。

経済についても嘘の情報が広まって、株の売買がそれに影響されたり、店の評判についての嘘が広まることもあります。

嘘が広まらないような仕組みをつくることが必要です。

AIの進展によって変わる「仕事のあり方」と「ベーシックインカム」

現在、AI（人工知能）が急激な進歩を続けています。

AIはコンピュータ技術を用いていますが、自ら学習して能力を高めていくことができます。

これまで、コンピュータは人間に代わって単純な作業を行うものとして発達してきましたが、**AI技術によって、コンピュータは人間の知的能力を超えるようになった**といえるでしょう。すでに、チェスや将棋などでは人間はAIに歯が立たないようになってしまっています。

このままAIが進歩を続けると、近い将来、大きな問題が起こってくることが考えられます。

最も深刻なのは、よく映画などで取り上げられる、**AIが人間に危害を加える可能性**です。

ＡＩが自分で判断して人間を邪魔ものにするかもしれません。また、ＡＩが兵器に使われて人間を殺戮（さつりく）するかもしれません。

もっと現実的で、もっと近い将来に起こりそうなのは、**人間の労働がAIにとって代わられる**ことです。単純労働はもちろん、弁護士や医師などの専門職もＡＩが行うことが考えられています。

ＡＩが苦手としているのは、アイデアを出すことや、仲間と相談しながら多方面から問題点を考えていくことだといわれています。また、人間と対面するサービス業も、ＡＩにとって代わられることがない仕事だと思われます。

しかし、**徐々に多くの仕事をAIが行うことになる**のは間違いありません。

そのような社会になると、仕事につけない人が増えてきます。

労働によって収入を得て、生活を支えることができなくなります。

これまで数千年続いてきた労働のあり方が変わってくるのです。

そうなると、ＡＩに仕事を奪われた人は生活できなくなってしまいます。

そこで、現在考えられているのは、「**ベーシックインカム**」と呼ばれる制度です。

たとえば、すべての国民に毎月10万円を基本的な生活費として給付します。

そのお金で人々は生活できます。もっと豊かな生活をしたい人は、自分の仕事をします。

このように**仕事はＡＩにさせて、人間は生活を楽しみます**。

ただ、この仕組みがうまくいくかどうか、どこも実際に行ったことがないのでわかりません。

また、その財源をどこから得るのか、それでうまく経済や生活が回っていくのかといった解決するべき点があります。

小論文問題⑦

次の文章を読んで、あなたはどう考えますか。600字程度で書きなさい。

岐阜聖徳学園大学　2020年度　外国語学部・経済情報学部
公募制推薦入試（Ⅱ期）・社会人選抜入試（Ⅱ期）

人工知能（AI）技術の長足の進歩に驚いた人も多いだろう。米グーグル傘下の英企業が開発した人工知能の「アルファ碁」が、世界トップ級のプロ棋士である韓国のイ・セドル九段との対局で4勝1敗と勝ち越した。これまでもコンピューターがチェスやクイズ番組で人間のチャンピオンを下したことはあったが、囲碁はその奥深さや局面の数の多さゆえに、人の優位があと10年は続くとみられた分野だった。だが、技術の進化は私たちの思い込みをあっさり覆した。脳の神経回路をまねた「ディープラーニング（深層学習）」と呼ばれる先端技術を取り入れ、AI同士での対局を繰り返すことで、めきめきと腕を上げた。時には直感や勘で最適解を選び出す人間的な思考方法や判断力を、機械が身につけ始めたといえるかもしれない。

歴史を振り返ると、かつての産業革命の本質は動力革命で、人類を「筋肉の限界」から解き放った。蒸気の力で機械を動かすことで工業生産が飛躍的に伸び、蒸気船や鉄道の登場で大量の物資を安く遠くに運ぶことが可能になった。これと対比すると、今起きているのは「頭脳の限界」からの解放だという指摘もある。これまで人間だけが行ってきた認知や判断、推論などの頭脳労働を機械が支援したり、代替したりすることが広い領域で可能になり始めた。

こうした技術革新の波は社会に様々な恩恵をもたらす。富士重工業が先導した車の自動ブレーキは周囲の車両や歩行者をカメラで検知し、危ないと判断すれば運転手に代わって機械がブレーキを踏む。そうした仕組みで交通事故が6割減った。画像診断にＡＩを活用すれば、医師が見逃しかねない微細な病気の兆候を高い確度で発見できるだろう。人の集まる駅や競技場で監視カメラを通じて怪しい動きをする人を特定し、テロなどの防止に役立てるシステムは各地で導入が広がっている。自動翻訳の技術が進むと、電話のこちら側で日本語を話せば、向こうでは自動的に英語に訳されて、外国人とストレスなく会話できる時代が来るかもしれない。ＡＩやコンピューターの進化はより良い社会や生活を実現するための推進力であり、日本としても官民挙げて進めなければならない大きなテーマだ。

そこで重要なのがソフトウエア関連の技術力を磨くことだ。日本企業はものづくりに強みを発揮する一方で、ソフトやアルゴリズム（計算手法）の分野では存在感が薄いのが気がかりだ。自前の人材育成に時間がかかるのであれば、トヨタ自動車やリクルートのように米シリコンバレーに研究拠点を設け、米国のトップ級の人材を招き入れるのも一案だ。政府や大学もこの分野の人材育成に力を入れる必要がある。自社以外の企業や大学、研究機関と柔軟に連携する「オープン・イノベーション」も重要だ。たとえば医療分野でのＡＩ活用を進めるには、医学とコンピューターという異なる領域の「知」を結合しないといけない。手持ちの技術や人材だけに頼る自前主義では、ブレークスルーはおぼつかない。

社会にとっても、ＡＩやロボットに代表される新技術とどう向き合うかは大きな課題だ。革新のスピードが速く、社会がめまぐるしく変化する時代は、人々の不安が高まる時代でもある。野村総合研究所は昨年12月、10～20年先には今ある仕事の49％がＡＩやロボットで代替できるようになる、との調査結果を発表。各方面に衝撃を広げた。一方で労働人口が減る日本にとって、人を補助するロボットなどの進化は経済にとってプラスという見方もある。機械と人が「仕事」をめぐって争うのではなく、互いに協業して価値を生み出す社会をめざしたい。介護サービスでは力仕事をロボットが担い、心の触れ合いは人間が引き受ける。そんな役割分担が社会の様々な分野で進むのが望ましい姿である。新しい技術と法規制や人間固有の倫理観をどう調和させるかについても、議論を深めるときだ。「完全自動運転車の事故に責任を負うのは誰か」「意識や心を持ったロボットをつくってもいいのか」。すぐには答えの出ない問題も多いが、こうした課題も見据えながら技術の進歩を正面から受け止め、それをうまく生かすことで、新たな未来を開きたい。

（日本経済新聞社説より　※一部改変）

【解説】

課題文は、ＡＩの進展について論じた新聞の社説です。

簡単にまとめると、次のようになります。

「人工知能（ＡＩ）が発達して、囲碁までも人間に勝つようになった。ＡＩは人間のもつ頭脳の限界からの解放という指摘もある。これまでの人間の頭脳労働をＡＩが行うようになる。そうした発展はさまざまな恩恵をもたらす。自動ブレーキで交通事故が減ったり、画像検診で病気を発見したり、監視カメラで怪しい人物を特定できたり、自動翻訳で話せたりする。日本も官民あげてＡＩの開発に取り組むべきだ。自前で人材を育てられないのであれば、アメリカから人材を招くべきだ。社会にとっても、これからＡＩやロボットとどう向き合うかは大きな課題だ。労働人口が減る一方の日本では、人を補助するロボットはプラスになる。機械と人間が仕事をめぐって争うのではなく、ＡＩが人間の補助になるような社会を目指したい」

要するに、この文章は、ＡＩが発展したこと、日本もこの研究を進めるべきだということ、人間の仕事をＡＩが奪うのではなく、ＡＩが人間を補佐する社会をつくるべきだということを語っています。

これを読んで意見を書くことが求められています。

いくつかの問題提起が考えられます。

ただし、「ＡＩが発展した」という主張がなされていますが、「ＡＩは発展したか」という問題提起は、ＡＩが発展したのは否定しようのない事実なので、わざわざ論じる意味がありません。

「日本もこの研究を進めるべきか」についても、世界が研究しているのに日本がしないという選択肢はありませんので、論じるのは難しいでしょう。

しかし、「よりいっそう開発を進めるべきか、それとも制限をかけるべきか」という問題提起であれば、十分に論じることができます。

「**よりいっそう開発を進めるべきか、それとも制限をかけるべきか**」という問題提起に対して、「もっと進めるべきだ」という方向で考える場合、

「ＡＩに多くの労働を任せて、人間はＡＩが苦手とする独創性やアイデアの必要な仕事をしたり、楽しみに時間を費やすことができるようになる」

などの論が可能でしょう。

逆に、「進めるべきではない」という方向からは、

「ＡＩを開発すると、ＡＩが自分の意志をもち、ＡＩのほうが人間よりも優れた存在になって、人は人工知能に隷属する存在となってしまう恐れがある」

「ＡＩが兵器となって戦争を行う恐れがある。ロボット軍隊が現実のものになる」

「ＡＩが自分の意志をもって人間を敵視することも考えられる。そうなると、ＡＩから見て危険な人類を滅ぼそうとして、まさに映画のようにＡＩ対人間の戦争が起こらないとも限らない」

などの論が可能です。


また、もうひとつの主張、「人間の仕事をＡＩが奪うのではなく、ＡＩが人間を補佐する社会をつくるべきだ」に対して、**「人間の仕事をAIが奪うのではなく、AIが人間を補佐する社会をつくるべきか」**という問題提起も可能です。

ただし、このようにするとノーの立場で書くのは難しいので、真正面からの問題提起にすると不自然になってしまいます。

この問題提起で書く場合には、最初に自分の主張として「ＡＩが人間を補佐する社

会をつくるべきだと私も考える」と書いて、それを説明する形にするのが望ましいでしょう。そして、先ほど説明したようなＡＩの危険性を示したうえで、それに制限をかけることによって実現できることを書くといいでしょう。

この立場からは、

「ＡＩは独創性やアイデア出しが苦手とされているので、そうしたことを人間が行うようにするべきだ。そして、ＡＩが人間に危害を与えないように制限をかけるべきだ」

などの論が可能です。

【解答例】

課題文の筆者が語っているとおり、私も人間の仕事をＡＩが奪うのではなく、ＡＩが人間を補佐する社会をつくるべきだと考える。

確かに、ＡＩには危険な面がある。ＡＩは独自に学習して能力を高めていくので、人間の手に負えない力を身につける可能性が高い。そうなると、人間の仕事を奪うだけでなく、人間に危害を与えたり、人間の存在を否定するような行動をとる恐れもある。したがって、ＡＩが人間に危害を加えないように制御をする必要がある。しかし、そのようなコントロールがなされたうえで、ＡＩが人間を補佐する社会をつくるべきだと考える。

ＡＩはアイデアを思いついたり、独創的なことを行ったりするのが苦手だといわれる。したがって、人間が新たなアイデアをつくり、それをＡＩが緻密に練り上げ、実行するようなシステムをつくるべきである。そうすることによって、人間とＡＩは共存でき、ＡＩは人間を補佐することになる。将来、さまざまな労働を機械に任せて、人間は知的活動と楽しみのための活動を行うようになる可能性もあると考える。

以上述べたとおり、ＡＩが人間の補佐を行う社会にするべきだと考える。

【著者紹介】

樋口裕一（ひぐち　ゆういち）

1951年大分県生まれ。早稲田大学第一文学部卒業。多摩大学名誉教授。小学生から社会人までを対象にした通信添削による作文・小論文の専門塾「白藍塾」塾長。

著書に250万部のベストセラーになった『頭がいい人、悪い人の話し方』（PHP新書）のほか、『小論文これだけ！』（東洋経済新報社）、『読むだけ小論文』（学研）、『ぶっつけ小論文』（文英堂）、『ホンモノの文章力』（集英社新書）、『人の心を動かす文章術』（草思社）、『音楽で人は輝く』（集英社新書）、『65歳 何もしない勇気』（幻冬舎）など多数。

〈白藍塾問い合わせ先&資料請求先〉
〒161-0033
東京都新宿区下落合1-5-18-208
白藍塾総合情報室（03-3369-1179）
https://hakuranjuku.co.jp
お電話での資料のお求めは
0120-890-195

小論文これだけ！経済・経営 超基礎編

2021年7月15日　第1刷発行
2024年6月21日　第3刷発行

著　者――樋口裕一
発行者――田北浩章
発行所――東洋経済新報社
〒103-8345　東京都中央区日本橋本石町 1-2-1
電話＝東洋経済コールセンター　03(6386)1040
https://toyokeizai.net/

装　丁…………豊島昭市（テンフォーティ）
ＤＴＰ…………アイランドコレクション
編集協力………佐藤真由美
編集アシスト……近藤彩斗
校　正…………加藤義廣
印　刷…………港北メディアサービス
製　本…………大口製本印刷
編集担当………中里有吾

　Printed in Japan　ISBN 978-4-492-04696-8